U0122090

舞动地球

EXILE·USA 环球采风之旅

（一）

[日] 宇佐美吉启　池田伸　著

牛小可　潘宇坚　译

世界图书出版公司

北京·广州·上海·西安

我想跳舞。

我想在世界各个国家，和世界各地的人一起跳舞。

那是我的梦想。男的说。

弹出的节奏，流下的汗水，四溢的激情。

这个星球是跳舞的星球，

没错，我们就诞生在舞动的地球上。

肉体

舞动地球

星球

Dance Earth

我，以我的肉体，以我的舞蹈，
出发去旅行，去了解这个星球，
这个地球。

人与人之间依靠宽带相连，电脑网络达到千兆，人们掌握了惊人的信息处理能力，虚拟高端科技支配了整个世界。即便如此，我们这个肉体，还是那个吸进氧气呼出二氧化碳的，将碳水化合物、蛋白质、脂肪转化成能量的，永远低端的有机物。

Dance

舞蹈

　　是在一个共同的时空里展现出来的、充满节奏感的身体动作。

　　是感情、交流、自我表达的方法，是这个肉体与生俱来的本能。

　　舞蹈的历史被认为是和人类诞生同样久远，但对于舞蹈的起源，人们知道得并不详尽。只能从世界各地现存的舞蹈、古代遗址留下的痕迹等来推测，舞蹈应该起源于本能的身体动作、求爱行为、求神拜佛等，但任何一个推测都没有确凿的证据。

　　尽管这样，人们还是敲响能发出声音的物体，跳舞，欢笑，流泪，跟着节奏扭动身体，活过一个又一个世道艰难的年代。

人类究竟是什么?

我们是从哪里来,要到哪里去?

环游世界,我跨越了好多个国境。

可是,没有哪里是实际画着那么一条线的。

既然这样,同住在一个星球上,横亘于我们之间的究竟是什么?

Dance

舞蹈。

是黑人、黄种人、白人、红种人,

语言不通、外表各异的人们之间共同的语言。

跳起来吧!

让身体跟上节奏,踩着舞步扭动双臂拍起手来,敞开心扉,

于是这个瞬间开始,地球就将变成一个整体。

池田伸

我最喜欢跳舞。
所以我想跟着世界各地的节奏跳舞。
所以我想和世界各地的人们一起跳舞。
仅此而已。

还需要其他更像样的理由吗？
国境、语言、肤色、宗教……
不断超越这些东西，
人和人应该就能融为一体。
世界也一定会融为一体。
只要跳起舞来，就一定会懂！

地球是我们的舞台！

Dance Earth

World Map

TRIP 02

USA *Arizona*

[美国·亚利桑那州] P052

那片阳光、红土地

TRIP 01

Cuba *Habana*

[古巴·哈瓦那] P016

第一站去最后的乐园

TRIP 04

Brazil *Salvador*

[巴西·萨尔瓦多] P120

全世界最大的舞蹈狂欢节

TRIP
'01 Cuba

"为什么想去古巴？"

"古巴有什么样的音乐？什么样的舞蹈？"

"说什么语言？治安怎么样？信仰什么宗教？"

呃……我不知道！！

正因为不知道，我才想去看一看！！

人一长大，真正想做一件事情时，

就不得不做出解释。说心里话，真烦！

"突然想到的！"

"似乎有什么声音在呼唤我。"

"听起来非常酷。"之类的。

自己的感觉就是一切。

去了就知道。

跳了就能懂。

就是这样。

Habana

[古巴·哈瓦那] 摄影：akilla kojima

2006.06.28 ▶ 07.06

第一站去最后的乐园

距离北美东海岸最南端的佛罗里达半岛 145 公里。

夹在南北美洲大陆之间的加勒比海上最大的岛屿，古巴岛。

古巴是一个群岛国家，由古巴岛和 1600 多个小岛构成。

古巴共和国，通称为古巴。据说，这个名称源于以前生活在这里的泰诺族（Taíno）印第安人语言"Cubanacan"，意思是"中心地"。

历史回溯到 500 年以前，那是大航海时代。1492 年，哥伦布乘坐着"桑塔玛利亚（Santa Maria）"号从西班牙一路向西，发现了印第安人安居乐业的古巴。

由此开始了西班牙人征服古巴人的历史。印第安人坚持不懈地抵抗，但最终还是在 1511 年败于大远征队，古巴沦陷。而印第安人据说因强制劳动、虐待、瘟疫等几乎灭绝了。

自那以后，西班牙人从非洲运来大量黑人奴隶，制糖业和奴隶业日趋兴盛。同时，古巴作为西班牙和中南美洲的中转之地而不断繁荣起来。哈瓦那成为西班牙殖民地的大都市发展起来，建起了许多巴洛克式的要塞和大教堂，现在这些建筑还保留着当年的风采，被列入世界文化遗产的名录。

到了 19 世纪中叶，希望从殖民地统治中独立出来的气势高涨。经历了 1877 年第一次、1895 年第二次独立战争，1902 年古巴终于推翻了西班牙 400 年的统治，独立了。

然而，古巴"独立"之后，大量美国资本进入，包括制糖业在内的众多资源产业都落入美国企业之手。实际上，美国取代西班牙，实质性地控制了古巴。

20 世纪 50 年代，美国对古巴的控制达到了顶峰，形成了固定的社会结构，即统治古巴的包蒂斯塔（Bautista）政权、美国政府、美国企业、美国黑手党四方将古巴的财富据为己有，流入美国本土。

1953 年，为了摆脱美国的半殖民地统治，律师出身的菲德尔·卡斯特罗（Fidel Castro）率领年轻人发动起义。起义失败后，经历了入狱、特赦，卡斯特罗又建立了反政府组织。逃亡墨西哥时他结识了阿根廷人医生切·格瓦拉（Che Guevara），接受了游击战训练。

洛杉矶到达墨西哥住了一晚，然后才前往古巴首都哈瓦那。共计30个小时之后，终于抵达了何塞·马蒂国际机场（Havana José Marti Int'l Airport）。

"终于到了！"

结束了漫长的行李检查，USA 说道。他笑着伸了一个大懒腰。直射的阳光，怠人的闷热。空气的味道和日本完全不一样。是的，这里是一座漂浮在加勒比海上的岛屿。

此行入住的酒店是大文豪海明威非常喜欢的"两个世界饭店（Hotel Ambos Mundos）"。在酒店喝了一杯迎宾饮料，那是橙汁兑过的朗姆酒，接着，一行人走出酒店，走在夕阳西下的街道上。

古老的街上，建于西班牙统治时期的殖民地风格的建筑鳞次栉比。

"哦啦（Hola）"是西班牙语中"嗨"的意思，"哈坡内（Japones）"是"日本人"的意思。走在路上，古巴人主动和我们打招呼。"哦啦！"我们也回应他们，于是，相视而笑。就这样，走在爽朗热情的古巴人当中，我们拉开了环游世界"舞动地球"这个漫长旅途的帷幕！

STREET DREAMS（马路梦想）

先在路上随便走走吧。旅行就此开始。

路上的行人和我们擦肩而过时，总会说"哦啦！""哈坡内"。

我心想，古巴人真的很豪爽、很亲切！走着走着，突然几个年轻人把我围住了。

他们嘴里喊着"雷吉盾、雷吉盾（当时流行的 Hip Hop 雷鬼乐的西班牙语，Reggaeton）"，似乎知道我是一个喜欢跳舞的人，会来这个国家走在这条路上一样，突然就开始了 B-Box（口技），于是我跟着他们的节奏开始跳舞，俨然就是嘻哈大赛（Freestyle Session）。

不知不觉间，街边广场变成了一个即兴的演唱会现场。

观众是路上的行人们。

是在旁边建筑的二楼上晾衣服的大婶们。

是附近的小毛孩。

我不知道接下来会发生什么事情，这种感觉真的太开心了！

我和雷吉盾大哥们一起举起朗姆酒，干杯！

"gasolina ♪"

意思是"这是我们的汽油！"

回应古巴人的要求，我用我最擅长的方式一干而尽。

朗姆酒喝到微醺，不知道从哪里飘来了雪茄的香味，夕阳西下，古巴的魅力瞬间把我融化了。

常常都是这样。

有意思的事情常常都发生在路上。

对我们来说，马路是玩耍的地方，是学习的地方。

曾是小毛孩的我

路上跑着好多 50 年代复古风的美国车。

原则上，古巴不允许个人拥有私家车。

除非是革命以前买的。

这些车，古巴人一定修了一次又一次，非常爱惜。

不仅是车，古巴远远落后于现代化的整个进程，构建起自己特有的文化，因此，古巴所有的建筑、设施都非常珍贵！

我看到街角有一个人在修理一双破破烂烂的运动鞋，不禁停下了脚步……

人只有两条腿，而我却一双又一双地买进喜欢的运动鞋，等我意识到的时候，已经差不多有 50 双了。

我想起了刚开始跳舞的时候，一双父母穿旧了的篮球鞋，我穿到鞋底磨薄了，大脚趾都露出来了。想到这，我一下子非常郁闷。

说起来很不好意思，我上小学的时候，会给自己"最宝贝的东西"起名字。

红色的运动鞋叫做"小红"。

黄色的摩腾牌足球叫做"摩腾黄"。

自行车叫做"吉启号"。

现在想来，当时起的名字真是一点品位都没有……

运动会上，跑步之前我会在心里默默地说"小红，拜托了！！"

当"摩腾黄"被河水冲走的时候，我真的哭了。

当朋友把"吉启号"弄倒在地时，我狠狠地打了他（笑）。

在古巴的路上，我想起了那个曾经会对一件东西倾注爱心的自己。

可是，想买运动鞋的心情根本控制不了。

所以，既然有 50 双运动鞋，那就要比别人多跳 50 倍！

我要穿着你们走遍全世界！

让你们在这个地球上，踩出多多的脚步，留下幸福的脚印，

我亲爱的运动鞋们！！

这起名字的品位还是零……

好博爱，古巴！

古巴的医疗备受全世界的关注。

医生的数量位居全球第一，每165人就有一名医生。

古巴实行家庭医生制度，各地区配备的医生平时都会为人们做体检。

日本富裕但是医生人手不足，古巴贫穷但是却拥有令国民放心的医疗制度。

这并没有必要拿来比较，只是我觉得，古巴人的开朗和笑容，一定也源于这份放心吧。

在古巴，学医是免费的，古巴还积极地派遣医生前往海外受灾地区。

而且，据说古巴甚至还免费接收仍未建交的美国留学生来学医。

好博爱，古巴！

从旁人看来，独裁国家的人们似乎没有自由，但这个国家不一样。

虽然没办法用一句话简单地描述这个国家，但有一点可以确定，有好的领导人，这个国家的国民也一定能够幸福。

实际上，古巴是全世界幸福指数排名的前十的国家之一。

我敬重您！卡斯特罗先生。

心在跳？

古巴国民的人种构成是，以西班牙为主的欧裔白人约占 50%，白人和黑人的混血儿将近（Mulato）40%，黑人占 10%，其他华裔后代、被称为 Mestizo 的白人和印第安人混血儿占几个百分点。还有少数在太平洋战争爆发以前就移民古巴的日裔后代。

在古巴，来自西班牙和非洲的移民占据多数人口，这也决定了古巴文化的根源是这两个地区的文化，同时，在高温多湿、受信风影响又相对比较舒适的热带稀树草原气候中，在岛国的日常生活中，和人一样，二者相交融汇，从而形成了古巴文化。

古巴音乐是由西班牙传入的吉他、响葫芦等乐器和非洲大鼓融合，在诞生于 19 世纪后半期的颂乐（son）的基础上产生了伦巴，并成为拉丁音乐的核心。它和美国的爵士乐等一道，极大地影响了 20 世纪的大众音乐，其旋律得到了全世界人们的喜爱。

从黑人宗教音乐派生出来的传统的伦巴是古巴乡间的娱乐音乐，休息日、生日、婚礼等各种场合都能听到伦巴的演奏，人们随着音乐欢快地起舞。

第二天。

USA 去哈瓦那中心区，参观 Yoruba Andabo 的彩排，他们周末将有一场现场演唱会。原以为彩排当然得在工作室里，到了才知道，那是乐队队长 Giovanni 妈妈的家。走上狭窄的楼梯，来到厨房隔壁的客厅，乐队成员们已经聚集在那里了。大家先一起干了几杯朗姆酒。房间里散发着香料的香味。

演奏开始了。四周都是居民区，窗户却敞开着。或许在这个国家（就音乐而言）没有"扰民"这个词吧。

打击乐器敲出震撼内心的旋律，主唱的声音非常有穿透力、非常空灵。最精彩的当属加勒比海特有的节拍（Caribbean Beat）那部分！演奏开始前闲话家常、气氛祥和的房间一下子穿越到了异次元。

一曲奏毕，一名成员说：

"你在这里跳跳看？如果大家都没意见，那周末你来我们的演唱会现场跳吧！"

　　打击乐器的节奏再一次响起，几杯朗姆酒下肚的 USA 开始跳了起来。日本来的舞者究竟有什么本事？不知道什么时候来了好多古巴人，房间里站不下，都排到房间外面去了，大家的眼睛里充满着好奇。USA 缓缓地扭动身体，随着节拍慢慢变快，动作也渐渐快了起来。虽然是第一次跳伦巴，USA 已然将这种旋律融进自己的身体，踩着舞步，和弥漫全场的音乐相呼应。Yoruba Andabo 的成员们、围观的民众们都充分享受到融为一体的音乐和舞蹈，此刻，国家、人种、肤色等差异早已荡然无存。USA 一心想要追寻并为此开始了旅行的第一个"舞动地球"就这么诞生了。

　　"你说是第一次听到伦巴？第一次听就能跳成这样，真不简单！"

　　那名提议的成员看起来很兴奋，说完他抱住了 USA 的肩膀。

　　"你一定要来我们的演唱会跳！"

面试

安排旅游行程时，提到了一个名叫"Yoruba Andabo"的伦巴乐队，他们那个周末要举行现场演唱会，我可以去他们的彩排现场玩一玩。

伦巴是什么？抱着了解一下的心态我去了。结果，真的太精彩了！帅！！我的心跟着一起跳动♪

乐队的队长听说我是从日本来的舞者时，说：

"你在这里跳跳看？如果大家都没意见，那周末你来我们的演唱会现场跳吧！"

啊！这么心血来潮？

我吓了一大跳，但我没办法放过这种机会。

我仰头喝光一杯平时也常喝的朗姆酒，给自己鼓鼓劲。接着，打击乐器响了起来，即兴舞蹈开始了……

我对伦巴一无所知。想也没有用！

我用整个身体把自己感受到的表达了出来。

跳完一首，乐队成员们非常兴奋地对我说：

"你说你没有听过伦巴？"

"你刚才的舞蹈里都有伦巴的基本舞步哦！"

"周末你一定要来现场跳！"

太好了！！

第一次听伦巴，我试着用身体把自己感受到的原原本本地表达出来，结果居然跳出了伦巴的舞步，我真的太开心了。

莫名其妙地觉得，我通过海选了（笑）。

这样心血来潮只有在外国才有吧？不过，其实我决定靠跳舞养活自己，也是从这样的心血来潮开始的。

21岁前后。

晚上我在俱乐部跳舞，白天睡到中午，每周出去教两次舞蹈课。

当时交往的女朋友、身边的朋友都给我施压，他们说："老这样吊儿郎当的，还没有钱，你将来打算怎么办？"

我只有舞蹈。除了舞蹈，一无所有……这反而让我开始觉得自卑。

"我喜欢跳舞，这是改变不了的。可是靠自己喜欢的事情我养不活自己，我该怎么办？"

我开始不安起来。小小的不安一点点累积，就在我的心摇摆不定的时候，终于被女朋友甩了，我饱受打击。

"不能再这样下去了。"

那段时间，我偶然去了一家香草天然食品餐馆，突然灵光一闪。

那家餐馆的工作人员都是冲浪爱好者，他们喜欢大海，充满活力，看上去非常开心。我想象着自己在开放厨房里，一边跳舞一边跟顾客们说话的样子，越想越兴奋。

"这种活法也可以有吧？"

我暗自做出了决定。

第二天，我戴上帽子，遮住一头的脏辫（dreadlocks），来到那家餐馆，请求他们让自己在那里工作。等了好久还是没有等到通知，于是我就不厌其烦地打电话催问。或许是受不了我这般纠缠，那家餐馆终于聘用我了。上班第一天，我露出脏辫说："其实我的头发是这样的。"结果老板勃然大怒，不过他也只是对我说："既然已经决定聘用你了，那也没办法了，我还是会聘用你，但是，你要把头巾戴上！"就这样，我开始在那家店里工作。

虽然工作了，但我还是很喜欢舞蹈，所以和老板约好"不会给店里带来麻烦"，然后就偶尔去俱乐部表演表演舞蹈，每周有两天下班后在路边教别人跳舞。

大约过了 3 个月，我开始觉得"好开心哦，这种生活也不赖嘛"。就在这时，后来的 EXILE 队长 HIRO 打来了一个电话。

"DREAMS COME TRUE（美梦成真）要在武道馆办一个现场演唱会，（吉田）美和说可以去看他们的彩排，你去吗？"

"去！我肯定去！"于是，轮休那天我去看他们彩排。

中间休息时，我在舞台上跳了跳，接着，美和冲着我说：

"有几首你来跳跳？一起跳吧！"

这么心血来潮？我大吃一惊。就这样，"可以参加武道馆现场演唱会"这个机会突如其来。

我当然想上。可是，这样的话就得来彩排好几次。

餐馆那边，我不是兼职，已经慢慢要变成正式的一员了，我不能给他们添麻烦。

我的同事们都非常认真地烹制菜肴，一心想把餐馆办好。

是参加"仅此一次的武道馆现场演唱会"，还是选择"和踏实做事、和睦相处的同伴们一起愉快地工作"，我权衡着这两个选择。

可是，我还是想和自己最喜欢的音乐家一起站在武道馆的舞台上。

这种心情越来越强烈。

于是我去找店里同事说：

"对不起，可是，如果不这么做，我想我会后悔一辈子的。"

"你不就是讨厌只有舞蹈，想抓住一点别的东西，才来我们这里的吗？要选哪个，你说啊！"

长大之后我第一次哭了，吵架了。

"可是，我一定要做。对不起。"

那一刻，我决定了。我要靠跳舞养活自己！

吵得不欢而散的同事们也最终原谅了我，说"你去吧"。

　　武道馆的现场演唱会真的太棒了！

　　上场前，所有人站成一圈，每个人都要说话。虽然我不过是一个配舞的，美和却一视同仁，把我当成一起努力开好演唱会的成员之一，对我说话给我鼓劲。

　　跳完之后，我认真地想：

　　"如果这些观众是来看我的，那感觉一定会更棒！我一定要成为艺术家，让武道馆为我坐满观众！"

　　古巴本是我迈出的下一步，而它却似乎在告诉我"不要忘了最初的那一步"。

Moonwalk in Cuba

一到贫困地区，就一定会看到乞讨的小孩。

我把从日本带来的笔啊点心啊分给他们，可是一分起来就没完没了。

有一天，我跳舞给他们看，拉着他们跟我一起跳。

我跳了一个滑步，孩子们一脸不可思议地看着我的鞋底，我们一起表演人浪，大家看起来都非常高兴。

我想"他们回家之后一定会很开心地跟他们的妈妈说的"，我很开心。

孩子是玩耍的天才!

而舞蹈，只要用身体玩就可以了。

反正都要跳，

那就跨越一个宽广的世界！

朝着幸福之声响起的方向 ♪

　　Yoruba Andabo 的现场演唱会非常棒！开始是约鲁巴（Yoruba）族的传统舞蹈，接着打击乐器响起，节奏猛增，会场气氛达到了最高潮，就在这时，USA 跳上了舞台。伦巴的舞步，Hip Hop 干脆有力的动作，二者交织在一起，USA 的舞蹈获得了全场的欢呼。所有人都站了起来，热情四溢，整个舞台几乎都要飞起来了。

　　"我是第一次跳伦巴，之前完全没有任何了解，可是在 Giovanni 家，跟着 Yoruba Andabo 的现场演奏跳的时候，有一个瞬间我开窍了。接着乐手的表情也变了，我感受到了，连上了。想也没有用。我集中精力用身体去感受，而不是用耳朵听。从那一瞬间开始，我知道怎么跳了。"

　　"我去过好多个地方举办的现场演唱会，在我看来，古巴人不是去听音乐的，而是去跳舞的。不管怎样，这个国家的人们非常喜欢跳舞。不管在哪里，我都能深深地感到他们的这份喜欢。七八十岁的老爷爷老奶奶们也跳得很欢快……"

　　回国前一天，USA 又去拜访了 Giovanni 家，得到了乐队成员和他的家人们的热烈欢迎。当然少不了朗姆酒洗礼的惯例。USA 带来EXILE 的视频片段，一按下播放键，打击乐也同时响了起来。USA随着音乐跳舞。快乐到奢侈的时光转瞬即逝。那天是 Giovanni 亡妻的周年忌日，USA 应邀参加了只有极亲近的人才能参加的仪式，和大家一起倾听满怀虔诚的演奏。

　　"不管什么时候，我们身边都有音乐。出生之前，在妈妈的肚子里，我们就开始听伦巴了。所以我们的身体里都刻着节奏，对我们来说，伦巴就是生活。"

　　"之前传言说有一个'空手道'会从日本来，当时我就想，他真的会跳舞吗？不过我现在知道了，日本人和我们一样。音乐存在于所有人的身体里。"

　　乐队成员们说道。

　　这个国家绝对说不上富裕。经历了漫长、不幸的历史，古巴最终举起了禁欲的社会主义大旗。这里也绝对不是想多快活就能多快活的乐园。正因为这样，朗姆酒的醉意、音乐和舞蹈，为他们的人生增添了无限的乐趣。

"我很开心。真的很开心。这趟旅行，让我重新发现了跳舞时那种纯粹的快乐。我想，如果我把这份开心带回日本，传递给大家，大家应该会变得更有精神吧。"

USA 和每一个成员都紧紧地握了手。Giovanni 说：

"希望你再来古巴。"

"……我会再来的，一定会。"

第一次踏足加勒比海上的岛屿，USA 收获了新的旋律和新的黑人朋友。

Cuba colmo！

我碰到过很多艺术家，应邀登过各种现场演唱会的舞台。

有一点让我很震惊。

在古巴，音乐家们和其他人一样，都是依靠国家发的工资和配给生活的。

叫不叫卖，完全没有关系。

他们只需要自由自在地享受着让大家开心的音乐！

音乐家是自由的，那么观众也是自由的！

没有人会一直坐着观看现场表演，音乐响起，所有人都会一起跳动起来。

"Cuba colmo！"古巴，最棒！

伦巴是求爱的舞蹈。

Columbia
男人向女人展示自己的魅力，
女人则展现自己的美貌。

Guaguancó
年轻男女们享受着恋爱中的若即若离。

Yambú
节奏舒缓，适合老年夫妻们跳。

古巴到处都是"爱"的舞蹈。

一对恩爱的老夫妻
翩翩起舞，
这一幕让我感觉好幸福，差一点就叫
出来了。

我也想像他们一样！
到了七八十岁，还能跳得动♪

Keep on moving.

The Last Paradise ～最后的乐园～

每个人活到今天，
内心一定暗藏着一个永远无法回头的最后的乐园。

在记忆深处颜色渐浓，
　　覆盖了一层又一层，还是不会消失，
　　　　这份牵挂应该每个人都有。
　　　　　　每个人心里都有一本翻看过一遍又一遍的相册。

无数次的邂逅，无数次的别离，
受伤，醒悟，
不知不觉地，人、国家都已经长大。
天真无邪的少年今何在？
曾经拼命收集的宝贝，如今已成破烂。
泪水中哼唱着小曲。

此刻，犹豫什么？

依靠什么？

我在拼命守护那份透明的感情。

可以确定的是，单凭金钱、物质、技术，是无法让人幸福的。

发达国家、现代化，我们究竟要走向何方？

什么才是对的，甚至是不是真的在前进，老实说，都不得而知。

不过，我知道有一件事情是开心的！

答案一定就在那里面！！

我祈祷着，因为开心、因为喜欢而做的事情，

会在某个地方让某个人幸福。

明天我也会继续展现自己，

因为这条路通往乐园。

要活得更酷！

Live more funky.

假如地球是一个巨大的生物，

我们会怎么沟通交流呢？

此刻，地球在笑吗？

还是在哭？

聆听地球的声音。

跟上地球的节奏。

Arizona

［美国·亚利桑那州］ 摄影：须田诚

2007.08.07 ▶ 08.13

那片阳光、红土地

印第安人，即美国的原住民。早在 1492 年克里斯托弗·哥伦布（Christopher Columbus）抵达美洲海域以前，他们就生活在这个大陆上。

上古时代的冰河期，人们从欧亚大陆出发，跨过白令（Bering）海峡的冰面，向美洲大陆迁徙，并散布南北美洲大陆的各个角落，成为这片大陆的原住民。生活在北极圈附近的是爱斯基摩人和阿留申（Aleut）人，一路南下到达南美洲的是中南美洲印第安人（西班牙语 Indio），而在北美洲大陆扎根定居的是北美印第安人（Indian）。

关于印第安人这个称呼，早有定论，那是由于这块大陆的发现者哥伦布误以为抵达的是印度，于是就把那里的人们叫做印第安人。也有人认为，印第安人这个称呼是白人移民随便起的，不能这么称呼他们，而应该称他们为土著美洲人。不过我以前碰到的印第安人，都很骄傲地自称为"印第安人"。

白人来之前，印第安人没有文字，质朴、崇高的文化是通过口述和歌声代代相传的。

天空为父，大地为母。生活在这个星球上的所有人都是拥有相同权利的兄弟姐妹。巫师奉"Great Spirit（伟大精神）"为神，他们活着就是为了让神的意志得以具现。

现在，印第安人是美国的少数民族。但以前，他们没有系统的宗教，没有个人土地私有的概念，真真正正地选择了与自然共生共存的生活方式。

"我想走近印第安人，在他们生活的大地上，跳起他们的舞蹈。"

我们通过中间人向亚利桑那州的祖尼（ZUNI）族发出了请求，但对方拒绝了，说不允许拍摄。USA 仍不死心，用英语写下了自己的想法，交给了中间人，得到的回复是"不见面的话，没法决定"。于是 USA 出发前往亚利桑那州。

不安、兴奋、自信

"是从几万年以前传承下来的吧？从大地吸取能量，自然而然跳出来的舞蹈，我很想亲身感受一下。"

抱着这个想法，我朝着印第安人祖尼族的圣地出发。

全国巡演结束之后的第三天，我不知疲倦、精神百倍地出发了。

可是，还没有确定到底能不能在祖尼族的圣地跳舞。

圣地、舞蹈，对印第安人来说是神圣的！

发出了很多请求，收到的都是禁止拍摄的答复。

这毕竟是一个被外人掠走了大量东西的民族，他们非常谨慎。

但我不想放弃，我把自己的想法写成一封信，托人转交给他们。

答复是：

"不见面的话，没法答复。"

不管怎么样，他们终于愿意听我说了。

虽然不去看一看就不知道会是什么结果，心有不安，但不知道为什么我又超级兴奋，心中充满了毫无根据的自信。

塞多纳的钟形岩石

人们都说，地球的能量会在塞多纳（Sedona）涌出来。

其中，有一个能量景点（power spot）最能感受到来自大地的力量之强，

钟形岩石，我来了。

登上钟形岩石，我找了一个感觉会很舒服的地方躺了下来，摊开手脚，整个身体成"大"字形。一下子，我感觉到一股非常舒服的暖流慢慢地传导到体内。巡演之后浑身酸痛的身体神奇地慢慢舒展开来。

接着，我觉得身心都受到了鼓舞，一会儿去祖尼族圣地就不用担心了。

为了表达谢意，我跳了一段当时灵感闪现想出来的舞蹈。

我在正中间，连结着天空和大地……

当时我一下子想到了这段舞蹈。

大地为母，

天空为父。

生于其间的我们

都是

兄弟姐妹。

在东京的时候，每天没完没了地忙碌着，穿梭于狭小局促的高楼之间……

人生苦短
　有气无力
　　思维僵硬
　　　阴柔尽失

噗噗噗（笑）……

简直就像拙劣的舞蹈一样。

在广袤碧空下，我思绪万千。

人生
舞起来！

Dance the Life ♪

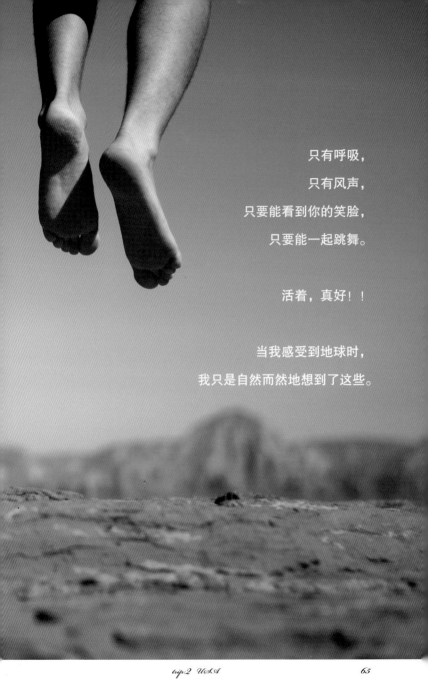

只有呼吸，

只有风声，

只要能看到你的笑脸，

只要能一起跳舞。

活着，真好！！

当我感受到地球时，

我只是自然而然地想到了这些。

我的想法，传达到了。

面见祖尼族酋长的那一天。

一开始我们就犯了一个错误。

塞多纳和位于新墨西哥的祖尼部落之间，有一个小时的时差（祖尼时间）。祖尼的办公室打来电话时，我们才意识到这个问题。

全速飞车，我们终于到了目的地，迟到了一个小时。

慌里慌张地，我戴着帽子就要冲进房间，

结果被一声喝住："Take off the hat.（把帽子摘了）"

"惨了，我！没进门就留下坏印象了～"

我还在冒冷汗，和酋长以及祖尼核心成员之间的会议就开始了。

在满屋子紧张的气氛之中，我激动地阐述了自己的想法。

我对舞蹈的想法，对舞动地球之旅的想法，希望在祖尼圣地跳舞的想法，希望用舞蹈把全世界的人们维系在一起的想法。

在场所有人都认真地听我说完。

就这样，我就已经非常开心了。

长达一个半小时商议的结果，酋长同意在我们答应几个条件的前提下，我可以和他们一起跳舞。

我突然想起来，最开始做自我介绍的时候，我说："My name is USA（音：屋洒）！"话音刚落，全场就开始窃窃私语起来。那是怎么一回事呢？

听我这么一问，一位祖尼人回答说：

"那是因为，USA 在祖尼语里是'味道很臭'的意思。"

大家都忍不住爆笑起来。场面一下子缓和了！

不过，"USA"这个名字在各个国家都会被当成话题。

就像我去古巴的时候，古巴和美国之间没有建交，所以古巴人拿我开玩笑，说："USA（美国）打来啦！"

不管怎么样，我可以在圣地跳舞了。心里的那块石头终于落了地。

谢谢！

Goast Dance（鬼魂舞）

这是一种仪式，为了能再见到死去的人，许多人一起围成圈，专心致志地跳舞。

以前，印第安人为了和平，献身鬼魂舞。

后来，鬼魂舞引导着长年敌对的部族言归于好。

或许在双方统一的进程中，鬼魂舞是不可或缺的。

然而，白人移民看在眼里，怕在心里，他们畏惧汇集起来团结在一起的印第安人，于是政府下令，禁止一切仪式性的舞蹈。

他们想要控制印第安人。

他们没有停止战争。

直到现在，还是……

不过我始终相信，

相信把人们团结起来的舞蹈的力量！

印第安人的伟大精神，
日本人的武士道精神，
二者都让美国感到畏惧。

所以，我不想失去这份骄傲。

战后 60 年

我们正在遗忘的是什么？！

我的代号是"USA"，

但我是日本人。

大和魂不卖！

在祖尼舞者面前使劲地跳着面具舞！
虽然他们并没有在看……

被非原住民
赶到这片颗粒无收的
穷乡僻壤。

但是!

再干裂的大地,
都会盛开出最美的花朵,
那就是笑容!！！

法比安

法比安的祖父母是最早向外部世界展示祖尼舞蹈的人。

于是，法比安也成为守护传统舞蹈的后继之人！

我住在法比安家里，听他说着祖尼的舞蹈和历史。

无意中，我问他："你是从什么时候开始跳舞的？"

法比安回答说："从我出生以前开始。"

想想也是，我们还在妈妈的肚子里时，

就已经会翻转、踢腿，就已经在跳舞了。

也许，每个人出生以前都是舞者。

只是不知道从什么时候起，就忘记了或被迫忘记了怎么跳舞。

醒来吧，在我体内沉睡着的东西！

今天并不是什么节日，
我却很想对太阳表示感谢。

我们的演唱会现场，
照明、激光、烟雾、视频、特效、音响……
种种设备就要花费上千万日元。

而这里，
耀眼的太阳照亮了每一个角落，
广袤的天空上
飘着几缕白云，
还有石山作音响，
完全免费！

这个地球才是最大、最棒的舞台。
大自然的舞台是无法匹敌的。

早上 7 点起床。法比安把自己戴着跳了多年舞的野牛指环送给了 USA。接着，一行人前往祖尼圣地"玉米山"。11 点，舞蹈开始了。

首先跳的是"熊舞"。作为回礼，USA 也戴上从日本带来的面具，跳了一段"面具舞"。接着是"潜行舞"，表现的是悄悄地靠近敌人或猎物的场景。最后是所有人一起跳的"直线舞"。舞跳了大概两个小时，结束了。

"我突然想到，我是第一次来到这么纯粹的大自然里，当然也是第一次在这里跳舞，同时经历着好几个'人生的第一次'……假如十年前的我可以窥视一眼将来的我，如果看到的是这一幕，一定会大跌眼镜'我这是怎么回事啊？'

身在狭小的东京，一旦过于匆忙，自己的心有时也会越变越狭小。在巨大的舞台上跳舞时心情无比地舒畅，但有时也会感觉到生活的痛苦。

来到这一望无际的大自然，脚踩大地，踩着踩着，一切都云消雾散了。

语言也会说谎，想怎么解释都行。但是，舞蹈不会说谎，不会去说谎。此刻的内心是什么样的状态，就会跳出什么样的舞蹈。

清除掉黏在身上的各种情绪，亮出最中心的自己。这种时候才是最惬意的，可能看的人也会觉得这个舞跳得最棒。"

3.5 亿年，沧海变成沙漠。"红岩山"，还有"玉米山"，都覆盖着塞多纳特有的红土。

对于生长在东边尽头处的小岛国的人来说，如此恢弘的大自然是难以想象的。USA 在这里跳完舞，说出了上面那番话。身体放松了，内心放松了，一脸温和的表情。或许，这趟旅途把伟大的精神分给了 USA。

接着我们得知一个好消息。在距离祖尼族村落开车约一个小时路程的新墨西哥州·盖洛普（Gallup），明天将举行第 86 届 "Inter-Tribal Indian Ceremonial"。在这个传统的节日里，北美、南美所有原住民和少数民族都将齐聚一堂。纳瓦霍族（Navajo）、

霍皮族（Hopi）、阿珀切族（Apache），还有祖尼族都会参加。USA谢别照顾过自己的人们，出发前往盖洛普。

次日开始的庆典上，无数印第安人按部族来展示各种各样的舞蹈。阿珀切族跳的像小流氓一样的舞蹈，霍皮族跳的神圣的舞蹈，阿兹特克族（Azteca）跳的密教的舞蹈，鹰舞……同样都是印第安人的舞蹈，居然相差这么大。在这个大自然的舞台中央，各部族满怀各自的虔诚跳出来的各种舞蹈，跟着大鼓的节奏，融为一体。庆典第二天，在市内举行盛装游行。USA获得祖尼族首领的许可，参加了游行。在一群身穿部族服装的印第安人当中，只有USA一个人穿着便服。不过，不论是参加游行的人，还是观看的人，都为USA热烈鼓掌。

"一开始我很紧张，中途开始兴奋起来，快乐起来了。可能是观众们也感觉到了吧，我想就是从那一刻开始，我才得到了大家的欢迎。"

这些北美大陆的原住民出现在USA的生命里，给USA以支持。他们和我们日本人一样，身上都传承着蒙古人种的血液，他们是红种人。遇见，别离，一生只见一次的旅途才刚刚开始。

野牛指环

准备去圣地的清早，一起祈祷过后，法比安把他珍爱多年的一个特别的指环送给了我。

那是一个野牛指环，野牛对于祖尼族来说是非常神圣的动物。法比安在跳舞的时候，总会戴着它。

那是有特殊意义的。

"从现在开始，这只野牛将会保佑你和你的家人、朋友、你身边的人健康、幸福。"

"我会好好珍惜的！谢谢！将来我要变成一个强者，保护那些对我来说很重要的人。"

祖尼酋长的话

祖尼历代酋长都是"the keeper of the house"，被称为世界家园的守护人。

我把祈祷、祝愿世界和平和家庭幸福的、充满灵性的气息交给你。

家人。

家聚合成民族，是国家。

民族、国家又聚合成世界。

先从珍爱身边的家人、让他们幸福开始。

祖尼族的舞者

光看技巧，或许有人会觉得"这舞蹈真没劲"。

基本上一味地在踏步……

但是，不厌其烦地踩踏大地，是为了表达与大地之间的联系。

大地为母。看起来就像是在用整个身体确认这股直指大地根源的力量。

那踩踏"声"一定可以传到地球的心脏。

他们的每一种舞蹈，都有各自的含义。

熊舞、野牛舞、潜行舞、直线舞……这让我觉得非常酷。

接触到他们那种和亘古不变的大自然共生共存的精神，我感受到了其中的厚重。

自己心中绝对不变的东西。

如果可以加倍珍惜它，那就可以跳出直抵人心的舞蹈了。

走这条路

虽然这次旅行是从不知道能不能让我在圣地跳舞的状态开始的，但后来的一切似乎冥冥之中都已注定，水到渠成。

为什么祖尼族的人们会这么认同我呢？我至今还觉得奇怪。

我只能这么跟自己解释：因为他们感受到了我超越语言的思想。

此外还有一个奇迹。

祖尼人告诉我们，全美印第安人都会参加一个传统节日第 86 届盖洛普"Inter-Tribal Indian Ceremonial"，今年是第 86 个年头。

霍皮族、纳瓦霍族、阿珀切族、科曼奇族（Comanche）、阿兹特克族……在那里，我居然看到了所有印第安舞蹈。

哇！太兴奋了！这几天不过是碰巧没有工作而已。而就是这几天，居然有这么一场规模如此庞大的庆典，就像是有人在说"86 年了哦！全体集合！"似的。

还有一件特别难忘的事情，我作为祖尼族的一员参加了全美印第安人的舞蹈游行。

我可是一身背心、短裤、拖鞋的打扮呢，万一遭人起哄该怎么办……

坦白说，我当时是这么想的。只是，我不能白白浪费了祖尼朋友的一番好意。

我只能一脸"我就是祖尼人"地跳了起来。

我也一度很紧张，但是到了半中间，我跟上了大家的节奏，开始兴奋起来。

接着观看的人似乎也感觉到了我的变化，开始和我互动起来。

真的太开心了，太高兴了！

后来我才听说，庆典已经办了86年了，但有外国人在庆典上跳舞这是第一次。

"噢！！！！！！！！！！！"

舞蹈之神一定是存在的！

谢谢。

带着这一辈子的宝藏，我和大家告别，返回塞多纳。

不过是几天前才来的而已，却总感觉非常怀念那个地方。

返回的路上，我顺道去看了看塞多纳的另一个能量景点"大教堂岩石"。

我感觉到一种被温柔地包围起来的安宁。

"欢迎回家……"

这时，我似乎听到这么一句话。

后来我查了才知道，据说，钟形岩石是男性能量比较强，

而大教堂岩石是女性能量比较强。

去的时候受到了钟形岩石的鼓励，回的时候得到了大教堂岩石温柔的拥抱。

没必要考虑得太复杂，把身体交给伟大的力量，抬脚走起来就可以了。

在这趟旅程，我领悟到了这一点。

03 Senegal

节奏的根在非洲。

全世界有丰富多彩的舞蹈音乐，

而几乎所有乐曲的节奏都来源于非洲。

尤其是西非，音乐特别盛行，

Hip Hop、House、雷鬼乐、

伦巴、桑巴……

从这里被运走的黑人奴隶们

把这些音乐传播到世界各地。

此外，也有一种说法"MAMA AFRICA"，

认为人类的根在非洲。

人类最棒的舞者，

为了追寻节奏的根，

来到了黑色的非洲大陆。

Dakar

[塞内加尔·达喀尔]　　　摄影：池田伸

2008.01.03 ▶ 01.14

非洲最强音

除夕夜的全民歌唱对抗赛 "红白歌会" 给 2007 年画上了句号。"红白歌会" 结束后的第三天，USA 乘坐的航班从成田机场起飞了。

目的地是非洲大陆，西非的塞内加尔共和国。抵达中转地意大利·米兰飞了 12 个半小时，在马尔本萨机场逗留了 2 个小时左右，继续往塞内加尔首都达喀尔飞了 6 个小时。从日本出发开始算起，大约 20 个小时之后，终于到达了达喀尔机场。夜已经深了，干燥的晚风吹拂过肌肤，非常舒服。

"终于到了啊！" USA 嘟囔了一句。

走出机场大楼，几名皮肤黝黑的男子已经等在那里了。肌肤消融在夜色里，只留下洁白发亮的眼睛和牙齿。他们和我们以前看惯了的美国黑人同根同源，看起来那气场、那范儿却明显不一样。USA 将要和他们一起度过 10 天的生活。互相握过手，钻进了一辆相当破旧的小福特。

大约 10 年前，有一位日本舞者为塞内加尔的舞蹈所倾倒，于是她马上把它的魅力介绍给了日本的舞蹈界，她就是 FATIMATA。本名叫 MANA，是 USA 熟识多年的舞蹈上的朋友。

每年，MANA 都会和她在东京成立的工作室的学生、朋友一起，到达喀尔进行舞蹈集训。这次，MANA 提早一个星期到达达喀尔，做好准备工作。她租了一栋郊区的三层小楼作为集训基地，小楼一共四个房间，两层都是舞蹈室。USA 也是来参加这个集训的。

福特车拉着日本来的客人和满满一车行李，行驶在 USA 第一次踏足的非洲大地上。

铺着沥青的干线公路就只有两个车道，对面通行。偶尔擦肩而过的无一不是有过之而无不及的破烂车。稀稀拉拉的电灯灯光昏暗，视野所见的城镇夜景都是沙土的颜色，看起来相当地破落。

福特车拐进一条完全没有路灯的岔道，这下真的一片漆黑了，从车上下来时，脚一着地就深深陷进沙土里去了。没铺沥青的小路全部是厚厚的沙土，难道说，达喀尔整个就是建在巨大沙滩上的吗？

达喀尔坐落在占据非洲大陆三分之一的全世界最大的撒哈拉沙漠西南边陲。实实在在地踩在非洲大地上，猛一抬头，漆黑的夜空，满天繁星。

塞内加尔的传统大鼓，萨巴鲁（Sabar）。这种大鼓的原型是捣谷物用的臼，一直以来，塞内加尔人都把它当成远距离传递信息的手段，所以又称其为"会说话的鼓"。比起日本人也都知道的金贝（Djembe，非洲手鼓），萨巴鲁要小上一圈。萨巴鲁一共有六种，包括嗯德鲁（音）、嘣嘣（音）、只有队长才能用的格伦巴巴斯（音）等。每一种的大小、形状、音质都不一样，但都是合奏的一个组成部分，而且都是用左手握着的木棍和右手掌敲打的。跟着这些大鼓敲打出来的特有的节奏跳舞，才是真正的萨巴鲁。

　　USA 的老师叫做帕姆萨（音），是萨巴鲁舞蹈界最棒的舞者。他是塞内加尔舞蹈团的成员，也是知名艺术家的御用舞者，经常满世界飞。

　　因为黑人具有长手长脚，超凡的运动神经和节奏感，所以他们跳碎步时动作非常剧烈，简直让人觉得整个肉体就是节奏本身，太有震撼力了。非洲大陆的超强生命力让所有看客拜服。

　　伊斯兰教《古兰经》的诵读声，节拍猛烈的 RAP 声。小鸟们叽叽喳喳地啼闹，山羊也不解风情叫上几声。楼下女子扫地的声音，孩子的笑声，母亲的怒骂声。

　　远处传来大鼓的节奏。如梦一般的声音如洪水一般淹没了塞内加尔城。国立剧院的休息室、大礼堂的舞台、周末空荡荡的小学教室。每天转战不同的地方上课。

　　敲打的位置和方法不同，会发出不同的声音，比如与下腹部共鸣的重低音"咚"、高亢干涩的高音"哐"、柔和厚重的"嘭"。

　　高低有致，回响交错，萨巴鲁的合奏编织出变化多端的旋律。舞者一边跳一边给出暗示，大鼓的节奏和速度就会随之发生变化。也就是说，舞者承担着指挥的角色，这是萨巴鲁舞蹈最大的特点。

　　鼓手和舞者配合得天衣无缝，错综复杂，让人甚至看不懂什么时候是暗示、哪个是基本节奏。来自东方天际小岛国的舞者，一开始只能依葫芦画瓢，但是一节又一节舞蹈课过去了，终于消化了非洲大地的节奏，慢慢掌握住要领了。

　　在地球另一面的陆地上，环游世界的舞蹈之旅开始了。

在塞内加尔的路上

萨巴鲁是大鼓的名称。

塞内加尔的萨巴鲁舞蹈，舞者掌握指挥权操控音乐，这在全世界也算是非常罕见的。

舞者跳快了，鼓手的节奏也跟着变快，跳慢了节奏也变慢。

跳着跳着，舞者冲着鼓手给了一个暗示，于是就进入了下一段节奏。

这是通过身体和音乐进行对话。

如果我不能用身体说话，鼓手当然也不会用声音回答我。

也就是，无声状态……

这无疑是世界上最棒的、难度最大的舞蹈。

规矩严苛的舞台，

超凡的身体能力。

我真的能够冲上这个舞台跳舞吗？

以前，我去看迪斯尼的动画片时，看到米老鼠一边跳舞一边自由自在地指挥管弦乐，就梦想着有一天"我也可以像他那样跳舞"。

此刻，这个梦，就在这片非洲大地上。

我一定要实现它！

在塞内加尔的这条路上。

MACHINE GUN DRUM

开始学塞内加尔的萨巴鲁舞蹈的第一天晚上。

金贝、萨巴鲁，种种 BEAT 像机关枪扫射一般朝着我的身体飞射而来。

让我
　躲不开，
　　弹不回去，
　　　消化不了，
只是、只是一味地挨打。

跳舞跳了 15 年。

我学习过无数节奏，现在却一步也迈不出去……

那天晚上我失眠了，又是懊恼又是兴奋，兴奋的是邂逅了未知领域的音乐。

不能就这样结束了！

这一夜，宇佐美吉启，那个跳舞的男人又回来了。

这次教我萨巴鲁舞蹈的是塞内加尔的第一舞者，一个名叫"帕姆萨"的家伙。他隶属于国立舞蹈团，经常去世界各地传授非洲舞蹈。

从某一个意义上来说，我们是同道中人！

帕姆萨的舞蹈，真的太棒了！不是一般的棒！！

手臂舒展柔软，

　　腿（一点儿都不开玩笑！）太快了，快得都看不见了，

　　　　不管是沙滩还是柏油路，都轻盈地跳来跳去，

　　　　　　光脚踢一下墙壁，直接后空翻。难道就不会受伤吗？

跳舞穿的运动鞋，我都会很谨慎地挑选。

为了保护双脚，为了长时间跳舞，我必须检查清楚鞋头是不是牢固、鞋底的 AIR 即缓冲力是不是没有问题。

而这些对于帕姆萨来说，似乎完全没有关系。

"这家伙，难道他的脚里面就有 AIR？！"

我看过无数舞者，他是全世界最厉害的！！

看来，这世上，强中更有强中手啊……

"萨巴鲁的动作本身并没有那么难。关键是要理解节奏。"

帕姆萨如是说。不是的不是的，动作也超难！

从各种节奏里，帕姆萨挑选了一种叫做"恰布酱（音）"的最有人气、最流行的节奏教我。而且这个"恰布酱"还是塞内加尔一道很有代表性的菜肴的名称。

帕姆萨用嘴发声，教了我三种打鼓的节奏。

第一种，嘟吧恰伊恰吧，嘟吧恰伊恰吧，嘟吧恰伊恰吧♪

第二种，噗、噔噗嘟，噗、噔噗嘟，噗、噔噗嘟♪

第三种，叽、踏哒，叽、踏哒，叽、踏哒♪

这么一来，一开始没明白的节奏，听起来就像是大鼓在说话一样了。

渐渐地，我看清了声音。

或许大家会觉得我脑子有问题，我也只在这里说。状态真的很好的时候，我感觉自己能看到声音。

各种节拍或像球一样飞过来，或在脚下翻涌，或像风一样吹着……

而我，弹它、躲它、抓住它，让波浪过去、任风把我吹跑，我一边跳舞一边和声音玩耍。

那一瞬间，就像在梦里一样，我感觉自己无所不能、所向无敌。

要是一直都能有这种感觉就太棒了！可是目前，我还只有在真正敏锐的时候才能看见声音。路漫漫长其修远兮。

幸福的条件

不需要闹钟。凌晨 4 点，《古兰经》就会响遍整个街区。

山羊、公鸡、孩子们开始吵闹起来。

苍蝇也睡醒了，停在我的脸上，好痒。

"叫我怎么睡！！"

那个不睡到自然醒就会发脾气的我，在这里也只能被强制早起了。

摆着一张"没睡够被吵醒"的臭脸，我在房间里磨叽了半天，这时负责照顾我的德雷德曼·阿布（音）进来了。

塞内加尔的官方语言是法语，方言是沃洛夫（Wolof）语。

可是我都不会说，所以我们俩只能用一言半语的英语进行对话。

"Good sleep？"

阿布蹦了两个英语单词，问我。

说实话，我现在困得不行了！我心里这么想着，嘴上却回答："Yes！"

"Happy day！"阿布说。

我的心一下子暖透了。

塞内加尔曾经是法国的殖民地，所以每天早上，路边都有卖法棒的。

我晃悠悠地走上街头，从偶然看到的一家小摊的大妈那儿买了一根法棒，就地而坐，啃了起来。法棒的口感是先脆后软，比我以前吃过的任何一种面包都好吃。

突然我非常想喝咖啡，于是就连说带比划地问大妈："有咖啡吗？""跟我来！"大妈连说带比划地回答我。

我跟在她后面，走着走着，发现那里似乎是大妈的家。

大妈扔下工作，为我们冲咖啡。

她把咖啡端给我们，就回到小摊那边去了。

留下我们在她的家里……

百分之一百相信我们这几个素不相识的外国人，这是什么感觉？

在日本绝对不可能！

我发自内心地说了一句刚记住的沃洛夫语："嘉里杰夫！（谢谢）"。

在这里生活了一段时间，我完全理解她的那个举动了。

对塞内加尔人来说，"善良、分享、互助"似乎是扎根在他们心里的意识。

听说，塞内加尔人到了日本，在新宿的路上看到许多睡在硬纸板上的人，于是就问："这些人为什么要睡在外面？他们总有一个兄弟姐妹或者朋友吧！"

塞内加尔绝非富裕的国家，在非洲各国中也属于穷国。

可是，这里，没有人睡在路上，也没有人会饿死。

大家互相帮助。

吃不起饭了，吃得起的人分一点给他就可以了。

没地方睡了，有地方睡的人借一点地方给他就可以了。

就这么简单，却很难做得到。

这不就是当今这个时代正在遗失的东西吗？

这里常常停电，水龙头也是一天只出两次水。

厕所没法冲，澡也没法洗。

塞内加尔的生活，说白了，非常不方便！

然而，我却觉得：

"虽然需要的东西一件也没有，但是重要的东西一件都不少。"

我很明白，每个人对于幸福的价值观是不一样的。

睡得香，吃得饱，有家人和朋友，有喜欢的音乐，

这样就是幸福。

"恳坦那" = 幸福。

幸福的条件，一定没有那么多。

在塞内加尔，一到周末，晚上就会听到萨巴鲁舞蹈派对"弹努围路（音）"的鼓声。

地点在广场或空地，或者把大马路封锁起来。盛装打扮的男男女女围成一个大圆圈席地而坐，中央就是临时的舞台。照明用的是白炽灯灯泡，夜幕下增添了几分诡谲的色彩。

随着萨巴鲁击鼓队开始打出猛烈的节奏，派对开始了。一名女子突然跳了出来，就像被什么上身了似的，抖动着全身，速度非常快，这是一个信号，紧接着舞者们轮番跳上舞台，开始跳舞。简直就像惊涛骇浪一般，冲上来，退下去，冲上来，退下去。路边的临时舞台顿时变成了一个突遭暴风雨侵袭的小小的海洋。

USA 在学习萨巴鲁的节奏，每天都在进步，于是他想自己主办一场萨巴鲁舞蹈派对。他和帕姆萨、阿布商量，选好日期，练熟舞步，还做了一身舞衣，去附近海边彩排。到了派对那一天，"一个从日本来的舞蹈明星要和帕姆萨一起开萨巴鲁舞蹈派对"的消息眨眼之间传遍开来。到了太阳落山，黑暗开始统治整条街时，封锁了路的两端，这样会场就准备好了。穿着五颜六色服装的黑人男女们围成了一个大圆圈。

萨巴鲁高亢的合奏撕裂了夜空。好，开始了！

MANA 一副迫不及待的样子，跳到圆圈中心点。

MANA 在达喀尔已经非常有名了。观众当中到处都响着"MANA""MANA"的声音。紧接着，一队日本女生跳了起来，当地舞者的黑色力量开始释放。然而，就在这时！

"咣！"

附近突然响了一声金属被砸瘪的声音。"咣、咣"，又响了两声，接着传来女生的惨叫——"啊！"恐、恐怖袭击？电源被拔掉了，人们四下逃散，会场瞬间陷入了一片混乱，到处都是黑漆漆的。USA 被人拉起手，躲到旁边的人家里。

过了一会儿，阿布来了，他蹦着英语单词解释了一下刚才的情况。原来，会场胡同口对面的一户人家，中午刚刚发生了煤气爆炸事故，有亲人在事故中去世了。所以一看到楼下在跳舞，那家人就非常生气，从二楼往下扔石头。

"我的头也被一块大石头砸到了。不过没关系，多亏了这个。"

说着阿布摸了一下他那颗留着脏辫的大脑袋。喔，原来脏辫还有安全帽的作用哪！大家哄堂大笑，紧张的气氛一下子化开了。

可是，晚上这场派对只能解散了。虽然很遗憾，但是没有办法。USA 回到住的地方，换了一身衣服，又出门了，去街上的舞厅。

天亮了，原计划第二天要回国的。可是这样实在太不甘心了。所以当 USA 听说后天晚上有一个大型的舞蹈派对时，马上给东京的事务所打电话说明了情况，把机票往后延了两天。

"妈妈·非洲"主办的舞蹈派对是达喀尔规模最大的舞蹈派对，会场上坐满了观众，这是到现在为止参加过的舞蹈派对中人数最多的一次。经过一整周萨巴鲁舞蹈的浸泡，终于到了一展身手的时候，这样的舞台真的是太难得了！

8 位鼓手站成一条横线，如激光枪扫射般的鼓声齐发，随之响起了轰鸣的欢呼声。一个又一个舞者跳上舞台，尽情狂舞。10 元中非法郎钞票纷纷扔向跳得特别起劲的舞者。会场的气氛非常热烈，于是 USA 也慢慢站了起来，噌地一下子跳到昏暗的舞台上去了。

The Dance Floor is the Life！
舞台是人生的缩影。

有什么好怕的！！
最喜欢的 BEAT 和舞台就在眼前！
不要老想着要跳好！
我对舞蹈的喜爱我是绝不会输给他们的！
与其用脑袋想，不如用身体去感受！！
谁能尽情享受，谁才会笑到最后！

我这么告诉自己，甩掉一切冲上舞台。
那里是梦境……
我开始和鼓手对话，跟着萨巴鲁的如激光枪扫射般的鼓声，尽情地玩耍。
梦一般的时间，似乎很长，又似乎很短。
人总是这样，当一扇新的大门开启时，一定会充满恐惧和压力。
但是，勇气只在这种时候才会出现。
无论是舞台，还是人生，只要有一点勇气，就可以见到美丽的风景。

Next door.

要打开啦！ Next door.

在下一个没有体验过的区域，你能看见一些东西。

踢开困住热情的铁笼，Let's go！

唤醒冲动，流浪的人独自走自己的路。

跟着本能走，去自己想去的地方，难办的事情回头再说。

把所有的梦想掏出来捧在双手，朝着目标的山顶，Check it！

做决定的勇气，其实是一种决心，

一旦松懈就立马会听到杂音，

门开了，找不到感觉就不能轻松前行，

那就脚踏实地地迈开腿，一步、两步，

只要看着前方，一定很快可以领先。

去追寻，去超越恐惧，这样才能听到真正的心声。

有一点是肯定的，

这个 BEAT 是我要走的路。

回去的路上，闲扯之中，我向同龄人帕姆萨问道：

"我们要跳到什么时候啊？"

"明天！"

帕姆萨笑着回答了我。

他说他从来没有想过这种问题。

确实。这趟旅程中碰到的每一个非洲人，都生活在当下。

当下是快乐的。

比起遥远的将来，明天一定是快乐的。这就是一切。

到了明天，就算我再问帕姆萨同样的问题，他一定还是会说"明天"吧？

就这样，明日复明日，明天一直通向永远。

与其担心不知道会怎样的未来，

与其被束缚在无法挽回的过去，

不如尽情享受现在。

帕姆萨，下次再一起跳舞吧！

通过这段漫长的旅途，在遥远的非洲大陆——塞内加尔，我结识了一位热爱舞蹈的朋友。

明天，我就要返回日本。但我一点儿也不失落。

因为我们都站在地球这个大舞台上！！

因为此刻的我已经明白了这一点。

我们生活的这个星球，是舞蹈的星球。舞动地球。

那么下一站，我要到哪里去跳舞呢？

下一站是巴西。

每年 2 月到 3 月初在巴西全国各地举行的、

已经列入世界吉尼斯纪录大全的、

全世界最大的街头艺术节！

在日本比较知名的，应该是已经商业化了的、

表演秀形式的里约狂欢节。

不过，光是站在一边看着，可不是我的性格。

我选择了普通民众全都会参加的舞蹈天堂、

巴西建国之初的首都萨尔瓦多的狂欢节。

走！肉体和灵魂的解放之旅开始了！

TRIP

04 Blazil

Salvador

[巴西·萨尔瓦多]　摄影：池田伸

2008.01.31 ▶ 02.06

全世界最大的舞蹈狂欢节

从成田机场到达德国法兰克福飞了 12 个小时。在机场大厅停留了 8 个小时。转飞巴西圣保罗花了 13 个小时。等待了 5 小时 40 分钟之后，换乘国内航班，又花了 2 个小时。

全程超过了 40 个小时，也就是将近两天（！）的时间，终于到达巴西巴伊亚州的首府萨尔瓦多。走下戈尔航空公司（Gol Transportes Aereos S.A.）飞机的舷梯，灼热的阳光火辣辣地晒着 T 恤没能遮住的 USA 的手臂。此时是 2 月 1 日，不用说，日本完全还是冬天，而这里，头顶着的却是盛夏的太阳。"我到了地球的另一边。"这种真切的感觉由不得任何分辨。我们生活的这个星球，真的太大了！

Carnival，狂欢节。葡萄牙语中称为 carnaval。

2 月末到 3 月初的四天时间里，在巴西各地举行桑巴·克力欧卡舞蹈派对。其中，有"全世界最大的公共派对"之称的里约狂欢节，对日本人来说也并不陌生。

狂欢节，是带有"谢肉祭"含义的宗教仪式。基督教的复活节之前的 40 天时间是禁欲时间，信徒们要通过绝食、祈祷净化身心，低调生活。于是，在进入禁欲时间之前的四天就用来进行开放性的祭祀活动，这便是狂欢节的由来。

在里约热内卢举行的狂欢节，据称有超过 70 万人参加，其中包括 21 万外国游客。如果把累西腓（Recife）、萨尔瓦多，以及其他全国各地举行的小规模盛装游行都计算在内，毫不夸张地说，1.9 亿国民中超过一半都会走上街头。

一个劲儿地跳舞、跳舞、跳舞，喝酒，拥抱，恋人们亲吻着对方，跳累了就瘫倒在马路牙子上，休息够了再起来继续跳舞、跳舞、跳舞。对于喜爱舞蹈的人来说，狂欢节期间的巴西就是一个天堂。只此四天充满激情和梦想的舞蹈大陆！

敷衍着穿上一件超小的比基尼，戴上各种华丽的羽毛饰品，这些近乎全裸的女性们激情起舞的里约狂欢节，对于观众们来说是一场"视觉"盛宴。不过萨尔瓦多狂欢节没有观众席，挤满所有街道的人们都会尽情地狂舞，那才是真正的"舞蹈"盛宴。跳舞的痴迷，旁观的也潮迷。第一次参加狂欢节，USA 选择了萨尔瓦多，不用说也当然愿意属于前者。

　　从机场打车到入住的宾馆只有 30 分钟的路程。我们放下行李就开始迫不及待了。不管怎样，先冲个澡，任风吹走 40 个小时的乘车劳顿。再一次跳上出租车，对只会说葡萄牙语的司机说了一个词"carnaval"，司机大叔用眼神告诉我们他明白了，回答了一个字"系"。Si ＝ Yes。这是这趟旅途中记住的第一个葡萄牙语单词。沿着海岸线一路飞驰，满眼只有一种颜色——深蓝色。车窗大开，独占大西洋。

　　"真舒服啊！"

　　从心底冒出了一个声音。

　　随着慢慢接近市中心，路上越来越堵。人们身穿五彩斑斓的服装拥着走向同一个方向。司机大叔把车停在路边，回头说了些什么。他一定是在说"你们在这里下车走过去吧"。付了钱，下了车，我们跟着人流往那个方向走去……听！桑巴舞的节奏！

　　人、人、人、人、人、颜色、颜色、颜色、颜色、颜色、节奏、节奏、节奏、节奏、节奏！全城的主要街道已然变成狂欢节的会场了。把装货车厢改造成舞台的大卡车，拉着被称作"Trio Eletorico"的舞者们，以走路的速度慢慢地行驶着。几十辆头尾相连，占满了整个繁华大街。车上巨大的喇叭播放着欢快的节奏，数十人乃至数百人的队尾随其后，缓步前行。

　　一句话，整条街就是一个大型舞厅。一眼望去，几万人走在街上彻底遮盖了脚下的柏油路，不留一点缝隙。烈日当空，巨大的人潮澎湃翻腾，热情奔放，充满感官刺激的、暴力的、如梦一般的声音和颜色像洪水一样翻涌而来！

　　巴西总统向全民呼吁，不要"做出超乎常规的举动"；政府为了狂欢节向全境免费发放了共计 1950 万个避孕套。

　　呜呼！这是何等的狂喜啊！而这，恰是 USA 梦寐以求的狂欢节！

抵达巴西。
"呀～真的太远了！"
一动不动地坐等了将近两天。

接着马上就要开始了。
三天，
跳个不停。

静和动。

两个极端！！

葡萄牙、意大利、西班牙、德国……
大量白人移民到了这里。

大量黑人从非洲运来了。
这些人和数百年来生活于此的土著印第安人相互融合，
经过数代混血诞生的巴西人，
有黑人、白人、黄种人、红种人、棕种人，各色人种都有。

不管是人，还是街道，都是五颜六色的！！
这色彩，堪称世界第一吧？！

说不定，这就是地球人未来的样子。
本来嘛，国境、地界就是不存在的。

质疑常识

以前，用猪耳朵、猪鼻子、猪脚、猪尾巴、肥猪肉、豆子等煮成的非裔巴西人（Afro Brazilian）料理费约果（feijoada），白人是不吃的。

而现在，他们也欣然提箸，好吃！

以前，白人禁止一切音乐和舞蹈。

而现在，他们也参加全世界最大的狂欢节，超棒！

所有的偏见也都应该适可而止。

这是什么啊?

超大无比的卡车

拉着大喇叭、乐队、舞者。

居然有几十辆!

"咚哒咚哒"地往前开!!!

整条街俨然是一个巨大的舞厅。

人类有史以来
最棒的狂欢 !!!

　　萨尔瓦多的全称是"São Salvador da Baía de Todos os Santos"，意思是"万圣湾边神圣的救世主"。

　　1502 年，欧洲人发现了萨尔瓦多，1549 年葡萄牙人开始对萨尔瓦多实行殖民统治。西班牙建国后，萨尔瓦多成为第一个首都，繁荣一时，作为西班牙的主要贸易港口获得了飞速的发展。来自非洲的贩奴船搭载着大批黑人奴隶，登陆巴西的第一站就是萨尔瓦多。

　　从那以后，为了发展制糖业，大量奴隶被运抵萨尔瓦多，这里又被称为"黑人的罗马"。城市里有各种宫殿、巴洛克式教堂等历史悠久的美丽建筑，保留着殖民地时代的古老风貌。

　　双手被锁住的奴隶们，模仿舞蹈秘密创造了格斗术巴西战舞（卡波耶拉，Capoeira）。他们用白人不吃的猪耳朵、猪脚、肥猪肉和豆类一起炖煮，创造了巴西名菜费约果。此外还有桑巴·克力欧卡（Carioca）的原型非裔巴西音乐。融合了非洲传统文化的独树一帜的非裔巴西人文化在这里开花结果。狂欢节应该也是饱受虐待的黑人奴隶们的灵魂开放日。

　　这段历史听起来很沉重，不过萨尔瓦多的狂欢节却是极其欢乐。

　　不知不觉，太阳落山了，夜幕笼罩着四周。五光十色的霓虹灯开始闪烁，放出耀眼的光芒。

　　身处舞蹈漩涡，就像跳进了一条大河，USA 踏着舞步，扭动身体，摇头挥臂，就像障碍滑雪一样，在人群中穿梭。巴西人对舞蹈的喜爱可以说"一年就为了狂欢节"，在他们当中，USA 的舞蹈也是绝对有节奏感，动作到位娴熟，时而滑稽，时而优雅，气场十足地敏捷地在人群中一往无前。人们很自然地把目光投向USA，而且并不觉得他是异类。那当然啦，USA 可是代表日本的舞者！

　　EXILE 的 USA 是魅力四射的舞者，在几万人面前，不止，还有坐在电视机前面的几百万人，USA 征服了所有的观众，是一名当之无愧的职业舞者。

　　但是，来到地球的另一面，USA 不过是最喜爱跳舞的一名普通男子而已。

"他们看起来好开心。我想跳舞。就为了这个理由，我大老远来到了地球的另一面。我们国家有《风营法》，规定过了晚上 12 点就不能跳舞了。跟我们这样的国家相比，巴西真是一个疯狂的国度！巴西人热情开朗，与人友善，而且超级喜欢跳舞。虽然坐飞机很累，但来了真好！"

USA 说着，由衷地露出了笑容。

USA 和路上碰到的浅黑色皮肤的男女老少对视一笑，握手拥抱。邂逅、擦肩而过，旋转、穿梭，融入节拍，USA 没有停下前进的脚步。此时的他，俨然已经和桑巴·克力欧卡的节奏融为一体了。天亮了，但这场狂欢还远没有停止的意思。

穿梭在人群中，
新的故事开始上演。
清脆的击掌，
语言的交流，
种种邂逅演奏出最棒的旋律。
情绪越来越高涨，
释放一切，狂欢。
这里是人种的枢纽。
混杂着，融合成共同的爱。

肉肉肉肉肉肉肉肉肉肉肉肉肉肉肉肉肉肉
肉肉肉肉豆豆肉肉肉肉肉肉豆豆肉肉肉肉
啤酒肉肉肉肉肉肉肉肉肉肉豆肉肉肉肉
肉豆肉肉肉肉肉肉啤酒肉肉肉肉肉肉肉
豆豆豆肉肉肉肉巴西可可肉肉肉肉肉肉
肉肉肉肉朗姆酒肉肉豆肉肉肉肉肉肉朗
酒肉肉肉肉肉肉豆豆豆豆肉肉肉肉肉肉
肉肉肉肉肉肉肉肉肉肉肉肉肉肉肉肉肉
西可可肉肉肉肉啤酒肉肉肉肉肉肉肉肉
肉肉巴西可可肉肉肉肉肉肉肉肉肉肉肉
肉肉朗姆酒肉肉肉肉肉肉肉肉肉肉肉肉
肉肉豆豆豆肉肉肉肉啤酒肉肉肉肉肉肉
肉肉肉肉肉肉肉肉肉肉豆豆肉肉肉肉肉
肉肉肉肉肉肉肉肉肉肉肉豆豆肉肉肉肉
肉肉豆豆肉肉肉肉肉啤酒肉肉肉肉肉肉
肉肉肉肉肉肉肉肉豆肉肉肉肉肉肉啤酒
肉肉肉肉肉肉肉豆豆豆肉肉肉肉巴西可
巴西可可肉肉肉肉肉肉肉朗姆酒肉肉豆
肉肉肉肉肉肉朗姆酒肉肉肉肉肉豆豆豆
肉肉肉肉肉肉肉肉肉肉肉肉肉肉肉肉肉
肉肉肉肉肉肉肉巴西可可肉肉肉啤酒肉
肉肉肉肉肉肉肉肉肉巴西可可肉肉肉肉
肉肉肉肉肉肉肉肉肉朗姆酒肉肉肉肉肉
肉肉肉肉肉肉肉肉肉豆豆豆肉肉肉肉肉
酒肉肉肉肉肉肉肉肉肉肉肉肉啤酒肉
肉肉肉肉肉肉肉肉肉肉肉肉肉肉肉肉啤
肉肉豆肉肉肉肉肉肉肉肉肉肉肉肉肉肉

富有激情的、
　充满感官刺激的、
　　甚至可以说是充满暴力的
巴西人，要想跟上他们的节奏，
就必须吃这个、喝这个，给自己增加能量！！

I got power ♪

保护自己的最好方式

这是我第二次去巴西，出发之前，周围的人都非常担心我。

"巴西的治安很差……"

"别死在那里啊！"

"一直以来谢谢你了！"

"放心。去哪儿都有危险！"说归说，

担心的声音实在太多了，让我在出发前很少见地陷入了郁闷。

的确，搜索一看，杀人、抢劫、偷盗、诱拐的数量未免也太多了……

不过，到了巴西，完全没有碰到这类事情。

就算会场上出现了争吵，很快警察就会赶来处理。除了坐在出租车上，我一直都在跳舞。

或许，巴西的坏人也不至于盯上跳得那么开心的人吧。

环境越是不妙，越要尽情享受。

这是我最强的防御手段♪

巴西人和太阳

狂欢节和巴西文化的光芒背后，暗藏着忧伤的影子。
从建在塞内加尔格雷岛的奴隶收容所
运到萨尔瓦多的非洲人每一天都饱受虐待。
用语言无法彻底描绘的这段历史就藏在小巷里。
但是巴西人不会"揪出坏人！揪出罪犯！"
非裔巴西人是聪明人。

饶恕也是一种爱。

他们不喜欢抱着仇恨度过一生。
认同他者，像太阳一样极其明亮、洋溢着幸福的巴西人。
是的！就是那颗灿烂发光的太阳也有"黑点"。
而太阳光芒万丈，丝毫没有让人察觉到"黑点"的存在。
巴西人和太阳重叠在了一起。
悲伤越甚，想要跨越悲伤的能量就越大。
这就是能量巨大的巴西狂欢节！

萨尔瓦多的狂欢节，比别的地方
开始得更早，
结束得更晚。

最棒！！

每天都是
狂欢！！

月圆之夜，

　　在亚洲一座小岛上，

　　　来自世界各地的人们，

　　　　在月光下融入大自然，热舞到天明。

　　　　满月之夜，小岛舞起来！

*05**Thailand*

Koh Samui/Koh Phangan

[泰国·苏梅岛、帕岸岛]　　　　摄影：池田伸

2008.03.18 ▶ 03.23

月圆之夜，明月当空

在我们生活的这个国度，月亮的每一个时间段都被赋予了各种美妙的名字。

新月、三日月、上弦月、十三夜月、小望月、满月、十六夜、
立待月、居待月、寝待月、更待月、下弦月、黎明残月、三十日月

每30天一个周期，月盈月亏。月亮吸收了在1.496亿之外燃烧着的太阳的光辉，把幽光投向了地球的夜晚。

我们来学一点天文学知识。

像太阳那样自己燃烧发光的叫做恒星，绕着太阳旋转的地球叫做行星，绕着地球旋转的月亮叫做卫星。

如果把太阳比作直径130厘米左右的球体，那么地球就相当于在大约120米开外围着它旋转的玻璃弹珠，而月亮的直径仅仅只有不到3毫米。

我们就生活在那颗玻璃弹珠上，那个在大约120米远的地方燃烧的球体发出的光和热是我们赖以生存的条件。这么想象一下，总觉得好神奇。

听说，在亚洲的某个岛屿上，月圆之夜会举办派对。仅次于西班牙所属的伊维萨岛（Ibiza）和印度的果阿岛（Goa），成为全球三大狂野派对（锐舞，rave）之一。那就是泰国的帕岸岛。在泰语中，"岛"念做"koh"，于是帕岸岛被称为"Koh Phangan"。从泰国本土搭乘飞机或船到达苏梅岛，再从那里坐20分钟左右快艇，就能到这个小岛了。

为了满月的海滩，从朔月开始数的第12个夜晚，USA从成田机场出发，飞往曼谷。来接机的是经朋友介绍的一位住在曼谷的日本人舞者小恭。

一行人先打车到市内宾馆办理入住手续，冲了澡后出门，走在傍晚的街上，小巷里还保留着古香古色的木造长屋，几家露天小摊正在营业，飘来阵阵香味。很有异国情调，同时又感觉非常熟悉。啊，我们果然都是亚洲人。我们买了一个像炸虾饼的东西，味道非常好。

沿路走到大街上，车道上密密麻麻地堵满了汽车，人行道上来来往往好多行人。好有活力的城市！和这里相比，东京真的很有秩序。

挥手拦下一辆三轮嘟嘟车（tuk-tuk），前往小恭推荐的餐馆。海鲜、肉、蔬菜，总之什么都好吃。喝了几瓶啤酒，肚子吃到饱，差不多一个人才1500日元。在当地很有人气的高级餐馆居然就这价格！

小恭曾经背着背包走遍亚洲各国，现在已经在泰国住了快5年了。他和两名泰国人舞者一起开了一间舞蹈工作室，靠承接现场演唱会或教艺人跳舞为生。

他在市中心租了一个单间公寓，方便晚上外出玩乐。公寓大概12张榻榻米大小，一个人生活也足够了，房租2万日元。当年，小恭孤身一人来到这个人生地不熟的异国他乡，开始学习语言，朋友和帮手一点点多了起来，现在他已经可以依靠他最喜欢的舞蹈养活自己了。在泰国，USA 遇到了这么一个喜欢正视别人的眼睛、给人印象很好的男生，两人聊得很投机。吃过晚饭，两人一起去夜店跳舞。

第13个夜晚，USA 有点感冒，发低烧，在宾馆休息。第二天，也就是第14个夜晚，USA 搭乘曼谷航空公司的飞机前往苏梅岛，入住滨海酒店 Sweet Cottage。作为舞动地球之旅的第五个国家，这是 USA 第一次入住豪华酒店。小恭早就到了，他之前已经来过好几次满月派对了。傍晚，USA 和小恭会合，一起来到苏梅岛的镇上。人气酒吧、夜店几乎全部客满，店里都是欧洲来的白人们，已经完全是派对前夜祭的模样了。

接着到了第15个夜晚。过了一个悠闲的白天，傍晚，坐上定员30人的汽艇，驶向帕岸岛。

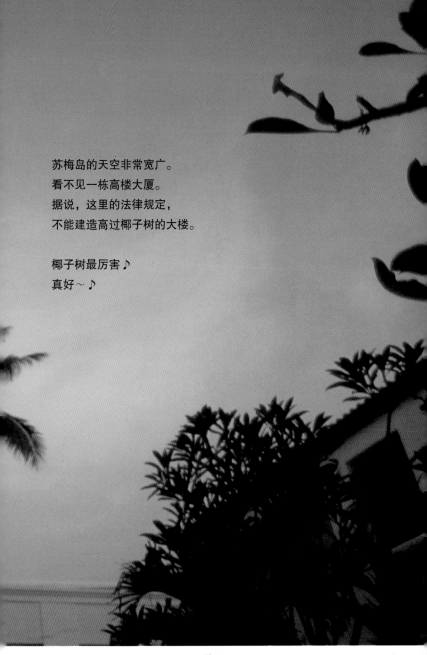

苏梅岛的天空非常宽广。
看不见一栋高楼大厦。
据说，这里的法律规定，
不能建造高过椰子树的大楼。

椰子树最厉害♪
真好～♪

FULLMOON
PARTY
KOHPHANGAN

HAADRIN

真好玩～！！走吧！！
去满月派对！！

人类在满月之夜会变身成为舞蹈动物吗？！

Laid Back

白天先走哪儿算哪儿，悠闲一番，
调整好自己，跟上岛的节奏。

什么都没有，

　　什么都不做。

偶尔也需要享受享受时间。

Beat Trip

就像冲浪运动员想要寻找从未见过的浪头，
开始踏上冲浪之旅一样，

我想寻找从没听过的节拍，
正走在节拍之旅的路上。

Wave

有一种舞蹈技巧就叫做"wave"……
在海滩上，我看着波浪，扭动全身玩起了"wave"。

hand wave
body wave
touch wave
double wave
pop wave……

各种各样的 wave，跳着跳着，我停了下来，凝望着大海，突然很想大喊一声"我来啦！"

翻滚而来的海浪，没有一朵是一模一样的。它们有的非常有力，像是要破坏些什么；有的非常温柔，像是要包住些什么……

无论是压迫感，还是美感，都是大自然创造出来的"表现力"，而渺小的我完完全全被征服了……

优秀的舞者的确很多，但是学"wave"，果然还是得师从"大海"。

不过，人也是大自然的一部分。
地球上的人、动物、草木、大海、山河……
一切都是这个星球的表现者！！
放出自己现在拥有的最大光芒吧！

"每一个人生存的艺术"

　　船只到达的小码头，上岛入口被封住了。交入场费戴上护腕才能进入岛内。

　　走了大约 5 分钟，到达会场所在的东岸海滩（Haad Rin Nok）。雪白的海滩呈弓形延展开来，正对着海滩的是一排排喇叭高挂的夜店。淡淡的晚霞给海滩添上了几笔色彩，慢慢地，人越聚越多。我们找了一家可以俯瞰整个狭长海滩的咖啡厅，在露天阳台上坐了下来，点了啤酒，欣赏着海滩全景。不一会儿，DJ 开始表演了，USA 于是跟着跳舞，吸引了所有顾客的目光。夜幕降临，海滩上放起了简单的烟花，四周一片欢声。

　　我们离开那家咖啡厅，走到海滩上。那里已经是人山人海了。Hip Hop、House、Trance、Techno、Drum&Base、雷鬼乐，不同的店、不同的 DJ、不同的喇叭中发出不同的轰鸣声。所见之处，素昧平生的派对发烧友们正在交杯换盏。

　　20 世纪 90 年代，满月派对开始在天堂别墅（Paradise Bungalow）前面举行。据说当时，一到月圆之夜，就会有几个 DJ 通宵表演，带着 1000 人左右跳到天亮。而现在，这里汇集了数万人，通宵达旦地尽情跳舞。在这里，USA 和小惠也不过只是一个舞蹈爱好者。虽然作为职业舞者，每天的工作就是跳舞，但私底下，他们还是时时刻刻都想跳。最快乐的事情莫过于做自己喜欢的事情。明确了这一点，也许人生随时都可以是派对。

　　跳累了，就到人少的镇上去。坐在白炽灯灯泡下面的长椅上，USA 回味着对我说：

　　"好开心！太棒了！这里真是派对之岛。来了真好！"

　　一抬头，仰望夜空，黑漆漆的天幕上挂着一轮洁白的满月。

派对之岛

从苏梅岛坐快艇大约 20 分钟。

到了码头，上岛入口已经变成派对的进场处了。

往里走到岛中央，露天酒吧、夜店早就热闹起来了。

沿着海滩搭建起大量的 DJ 区，Hip Hop、House、Trance、Techno、Drum&Base、雷鬼乐，应有尽有。

看哪里放着自己喜欢的音乐，过去跳舞就行了。

跳腻了就换一个地方，继续跳♪

累了就到海滩上溜达溜达，做做足底按摩或泰式按摩，元气恢复了，继续跳♪

肚子饿了就吃一顿美味的泰国菜，继续跳♪

光是看着这些来自世界各地的派对发烧友，就足以让你笑个不停了。

而且，这里似乎不仅仅有满月派对。

黑月、半月、湿婆之月（Shiva Moon）……

不管叫什么名称，几乎每天都有派对。

毋庸置疑，这里就是派对之岛！！

海滩上成排成排的酒吧柜台。

　　但是，这里找不到调酒器、调酒吧匙、量酒杯。

　　而是提供各种套餐，包括装有冰块的酒桶，威士忌、伏特加的瓶子，苏打水、果汁、能量饮料的罐子，还插好了吸管。

　　顾客自己调制，然后大家叼着吸管，脑袋贴着脑袋一起喝。这就是帕岸式的喝法。

　　真可谓是"鸡尾酒桶"。

胸膛的跳动
似乎冲出身体，
燃烧吧！
心中不灭的火焰。

Walk Dance

在巴西狂欢节上，一直都是边走边跳的。
于是，边走边跳也变得游刃有余了。
我称之为"Walk Dance（边走边跳）"。

如果碰到难过的事情，那就抬起头一路往前
跳吧♪

满月

很早很早以前，还没有电灯的时代，
夜晚最亮的是满月那一天。
那时的人们，一定是感受着满月的力量，唱歌、跳舞、祈祷，
净化自我，获得全新的能量。
不仅满月，
人们会跟着月盈月亏的节奏，受到各种各样的影响。
在很多层意义上，月亮是……

"为迷失在深夜中的人们导航"

在月光照耀下跳舞，实在太棒了♪

乌龟和兔子

兔子
在月亮的舞台上，
乌龟
在大海的舞台上，

今晚不要赛跑了，一起跳舞吧！

致派对发烧友们

我们是自由的！！
但是，在地球上生存本身就有规则。
如果你在最棒的环境中玩得开心，那就不要忘了对大自然的尊重。
这种事情小孩都懂！
如果下一次来的时候，不再有这么美丽的舞台了，大家会愿意吗？！
如果回头朋友去的时候，不能像我们这样开心了，大家不会痛心吗？！

派对结束离岛时，大家争先恐后，都想早点回家。
就像泰坦尼克号沉没之前抢着要坐上小船一样。
争吵，拳脚相向。
强行上船的人，被泰国船员一脚踢落大海。
刚才的和平空气算什么？
简直就像魔法突然被解除了。
就这样，小岛的节奏乱了。

"派对，回到家之前都还是派对。"

对吧，老师？

FOREVER PEACE MIND

龙宫

我没有救过乌龟，帕岸岛却让我感觉自己来到了龙宫。

美丽的海滩，装点着闪烁的彩灯。

自己最喜欢的音乐响彻天际，来自世界各地的派对发烧友通宵跳舞、喝酒。

那里吹着和平的风。

就像浦岛太郎在龙宫和仙女度过了一段幸福的时光，我也在帕岸岛这座龙宫里，体验到了短暂的快乐。等我反应过来时，满月已经变成太阳了。

关于浦岛物语，是这么理解：

"快乐地做着自己喜欢的事情，这样的生活会让你被社会抛弃，逝去的时间再也找不回来了。"

还是这么理解：

"这是一瞬间的快乐，这辈子能一年一年这样子度过，真是太棒了！"

于我，无疑是后者。

因为无论是谁，应该都能够切身感受到时间是变化的。

开心的时候时间过得很快。

讨厌的事情会让时间的流逝变慢。

想起小学时，自由活动时间和暑假，都是一眨眼就过去了。

我想做自己喜欢的事情，享受人生中每一个快乐的瞬间。

大家一起跳舞吧！

我们在十几岁、二十几岁年轻的时候，总会有一股劲儿不知道往哪里放，或者总会有一种类似反抗的情绪，这时候，大家就会通过运动、飙车、吵架、嘶吼，发泄出来。

我碰巧拥有了舞蹈，才得以解放自己、解放身体，在这个难以生存的社会中存活下来。

现在的日本年轻人，又是通过什么方式解放自己呢？

我常常听到的是，也有很多人把自己关在小房间里，对着电脑宣泄内心的苦闷和愤怒，伤害别人也伤害自己。

"一起跳舞吧！"

不要那么闷闷不乐。

跟着音乐跳起来，甩起头，迈开脚，这样就够了，

舞蹈这玩意儿还是相当好玩的♪

在法国举办的、全世界巅峰对决的、

全世界最大的街舞比赛"JUSTE DEBOUT"。

Hip Hop、House、Lock、Pop，

只能"站"的大赛。

我看了 2006 年的大赛录像，

进入决赛的舞者水平之高让我大为震惊。

"太强了！！"

我也想一试高低。

想归想，时机总是不合适，只好作罢……

如果我真的想做一件什么事情，就会誓不罢休。

"大赛什么的太麻烦了吧？直接向顶级舞者下一封

挑战书，一决高下不就可以了吗？"

于是事先完全没有预约，我就登上了飞往艺术之城法

国巴黎的飞机。

TRIP

06France

Paris

[法国・巴黎] 摄影：池田伸

2008.08.11▶08.15

对手是谁？ 答案是自己。

法国是一个美丽的国家。

飞机降落在查尔斯戴高乐国际机场，再坐上一辆标致出租车行驶了大约 30 分钟。

奢华的都市，艺术的都市，巴黎。

从中世纪到现代，各个时代最先进的建筑矗立在这里，美得让人不由地发出一声惊叹。街道上随处可见美术馆般恢弘的人类遗产。走在巴黎街头，就感觉误入一个时间停止的世界。

伊夫·圣罗兰、香奈儿、杜嘉班纳、爱马仕、拉尔夫·劳伦、LV、Jun Ashida……入住的宾馆周边，举世闻名的时尚品牌直营店鳞次栉比。精心打理、品位不俗的展示橱窗为街景增添了几分色彩。如果是为了来购物，那这里无疑是天堂。

法国还有另外一张面孔——舞蹈大国。据说法国有非常多的舞者，每年都会举办全球最大的街舞比赛。

比赛的名称叫"JUSTE DEBOUT"，比赛的舞种包括 Hip Hop、House、Lock、Pop，也就是除了霹雳舞等之外所有"站着"跳的舞蹈，比赛将产生世界第一舞者。每次冠军得主都是法国当地的舞者。

"我想参加这个比赛。"

舞动地球之旅刚刚启动时，USA 就这么说过。他还说："我不知道能不能赢，但我有信心，一定可以好好赛一场。"

USA 已经是日本最受欢迎的舞者之一了，完全没必要刻意参加决出名次的比赛。无论输赢，风险都会大于收获。但是对 USA 来说，最重要的是他会奋力扑向那件令他快乐的、兴奋的、雀跃的事情。

可惜怎么也调不开日程，最终还是参加不了比赛。但 USA 无法放弃在法国跳舞的心愿，于是他来到了巴黎，想要挑战一下历届大赛的冠军们。在日本时就开始通过朋友寻找挑战对手，但几次都是刚有些眉目就中断了，最终对手、场地都没有敲定。

USA 在贯穿巴黎市内的塞纳河河畔漫步，在埃菲尔铁塔公园里观看街头艺人的表演，到知名餐厅享受晚餐，到高雅的精品店购物，还去 Hip Hop 商店查看夜店活动的宣传单，晚上连转两家夜店，就这样，足足等了两天。终于，挑战对手敲定了。

到了巴黎之后，我们就向住在当地的日本舞者、法国的街舞舞者四处打听，寻找挑战对手。

　　此时正值法国放假，怎么找都找不到。终于，快到最后一天时，敲定了对手。

　　屡次进入 JUSTE DEBOUT 决赛、拥有各种世界级头衔的 YUGSON 和 TIP。

　　这两名对手真的无可挑剔。

　　我心里却非常担心。

　　通常，按照大赛规则，比赛都是二对二的。

　　而我这次也选择了我素来尊敬的舞蹈伙伴 TERUYA 作为我的搭档，带他一起从日本来到巴黎。

☆终于要上场了！！

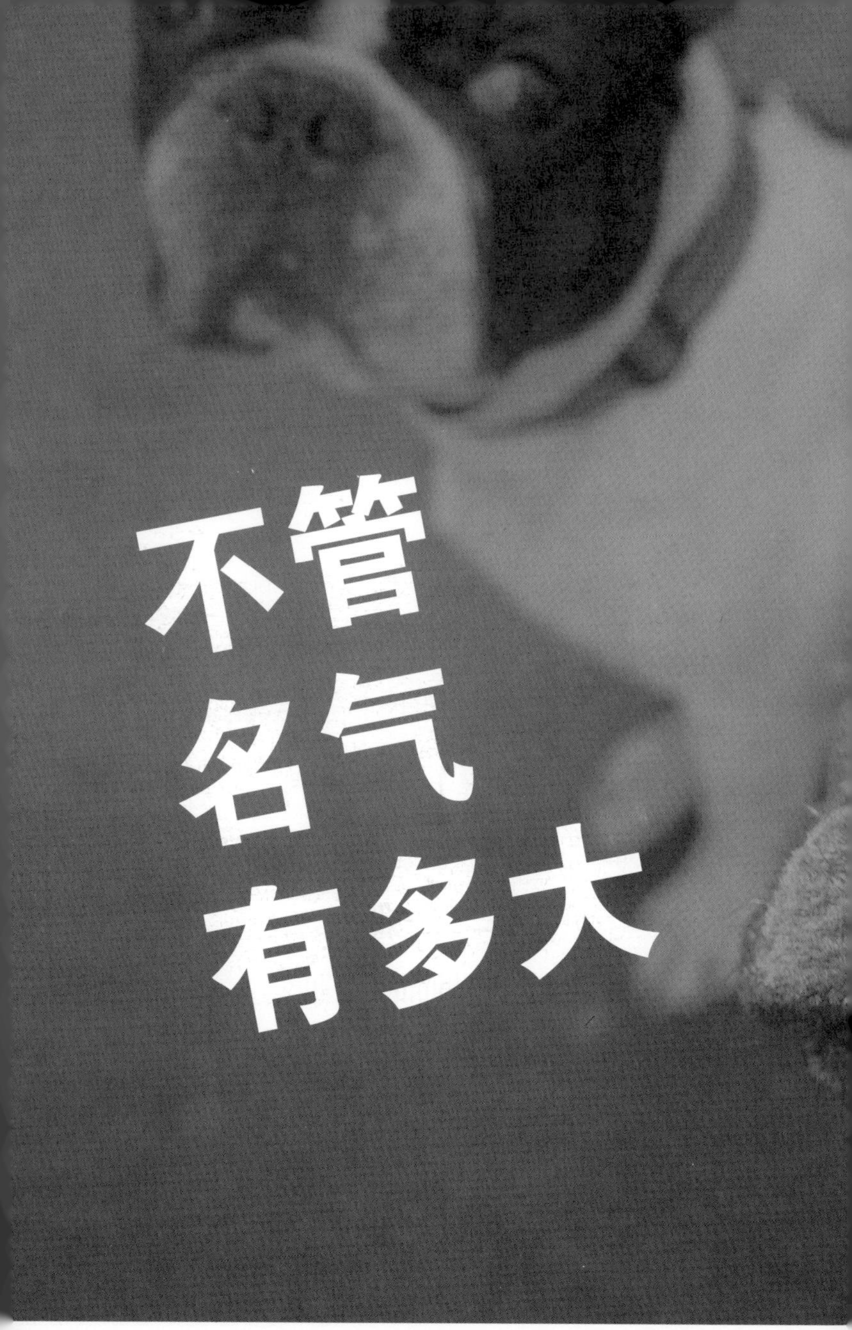
不管
名气
有多大

依然
挑战不断。

从初中二年级开始的舞蹈是我的武器。
就算被认为鲁莽，我也不在乎。
只是依靠着对舞蹈的热忱，
我才一路走到了这里。

纵然粉身碎骨，
只求一战，舞出灵魂。

对手是谁?
答案是自己。

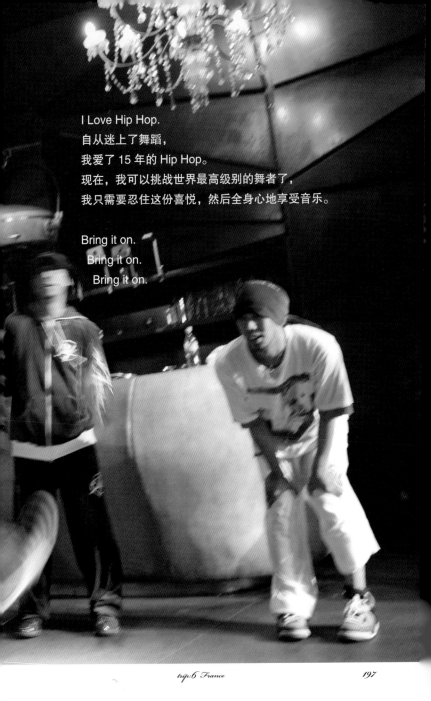

I Love Hip Hop.

自从迷上了舞蹈，

我爱了 15 年的 Hip Hop。

现在，我可以挑战世界最高级别的舞者了，

我只需要忍住这份喜悦，然后全身心地享受音乐。

Bring it on.

　Bring it on.

　　Bring it on.

我们在"Casino Club"包场，作为舞蹈挑战赛的赛场。比约定时间提早 30 分钟我们就到了。

和工作人员、DJ 打过招呼，开始准备摄像。

USA 和 TERUYA 看起来有点紧张，认真地不停地做着伸展运动。

接着黑人舞者们陆陆续续来了。

YUGSON、TIP、LUFFY、BABSON、RICKY SOUL……USA 和每一位舞者握了手。

YUGSON 问："几点开始？我们也想热热身。"工作人员回答说："时间很充足，看你们的。"YUGSON 回答了一声"OK"，就开始全身都动了起来。他身体强壮，彬彬有礼，和颜悦色。虽说他是舞者，但他更像是运动员。舞厅里，舒适的紧张和轻松交织，DJ 放出的 Hip Hop 节奏打破了这种气氛。

转可乐瓶的结果，日本队先跳。TERUYA 率先开跳，USA 紧随其后，接着是 YUGSON、TIP。

大概 10 名舞者围成了一圈，每个人都要在圆圈里面表演自己的舞蹈。

急速的动作、缓慢的动作、敏捷的动作。舞者们慢慢热络起来，空荡荡的舞厅虽然只有相关人员在一旁观看，却充满了汗味和热气。

四人跳够了，其他舞者也一个接一个跳了起来。他们跳起了圆圈舞，拉近了彼此之间的距离。初次相见的日本舞者和法国舞者因舞蹈维系在了一起。

这场挑战赛没有胜者，也没有败者，dance battle in the world。

这是一场无关人种、无关语言、无关性别、无关宗教的火热挑战赛。选手们互相握手、拥抱。

为什么国与国之间总是纷争不断呢？

为什么人和人之间要自相残杀呢？

为什么全世界被国界线划得四分五裂呢？

只要把身体交给现场播放出来的音乐，跟上节奏踩出舞步，就一定会出现笑声。

如果所有人都能找到那个让内心觉得快乐的地方，纷争就一定会消失。

舞蹈。
对 USA = 宇佐美吉启来说，是快乐的地方。
所以 USA 才要环游世界。
跳舞，邂逅，然后继续旅行。

追寻未知的世界，
在午夜徘徊。
虽然看不见前方的路，但 Try!! Try!!
从里到外，从外到里，
涌出很多的期待。All right.
超越与不安战斗的每一天。
越走越能看到，这条路的前方，
在黑暗中能看到，微弱的光亮，
一定会抓住它，抓到自己的手上。
立刻就启动，疑问、希望都自问自答。
相信自己！如果分心，
梦想就会变成海市蜃楼。
越是危机，越要一试身手。
从心底，燃烧吧，灵魂炸弹！

谁胜谁负，没有裁判，无从得知。

看的人自己决定就可以了。

比赛也是这样，

裁判组有他们喜欢的舞蹈风格，

而观众的反应是最为真实的。

总之，这场挑战赛太棒了。

太让人神清气爽了。

YUGSON、TIP、LUFFY、BABSON、RICKY、SOUL……

每个人都是出类拔萃的舞者。

同一个音乐

　同一个空间

　　分享彼此的灵魂

舞跳完了，我们聊了聊舞蹈，聊了聊今天的比赛。

YUGSON

"从日本特地跑到法国来挑战的，你是第一人。"

TIP

"我们跳之前也非常紧张。不知道从日本来的这个家伙跳的舞是什么样的……不过要跳好舞，紧张是必需的。而当你克服了紧张，就会涌出巨大的力量。"

YUGSON & TIP

"很多日本人技术很棒，但力量和灵魂很弱。不过我们感受到了你们通过整个身体传递出来的力量和灵魂了。心在说话。"

我们获得了最高褒奖。

后来我说起了舞动地球之旅的经历，没想到这两位对手也在环游世界！

物以类聚，人以群分。

我又多了两位舞动地球的同伴。

什么时候一起去旅行吧♪

这样的同伴越来越多，是一件很开心的事情，

而且，如果有朝一日，全世界的人能一起跳舞，那该有多棒啊！

把身体交给这片土地孕育出来的节奏时，语言就是多余的了。

舞蹈是把生活在这个星球上不同肤色的人们维系到一起的共同语言。

我想和全世界的人们一起跳舞，仅此而已。下一站要去哪里呢？

Dance

舞动地球

是的，我们生活在有舞蹈的星球上！

出于一种奇妙的缘分，我开始和 USA 一起旅行。

到世界各地跳舞的旅行。

很早以前我就不去夜店了，从那以后我就忘记了跳舞。尽管如此，光是听到这个计划，我的心就已经为之雀跃了。

我曾在一本只涉及哈雷戴维森这个牌子的摩托车杂志 "Hot Bike japan" 担任过很长一段时间的主编，而且是一个彻头彻尾的摩托车骑手。

19 岁时，我第一次骑摩托车去旅行，从那以后，我走遍日本的各个地方。进入杂志社工作之后，又开始骑车游美国。

在众多旅行中，我曾经两次横穿美国大陆。通过旅行，我一点点开始会说英语了，对于异国他乡的紧张感也慢慢消失了，于是我开始到世界各地去旅行。然后创办了一本以旅游为主题的杂志《旅学》。也就是说，旅行是我现在的工作。

旅行是我的饭碗。从这个意义上来说，现在的我也算得上是旅行专家了。但是，对我来说，舞动地球之旅还是极富魅力的。于是我和 USA 第一次见面了，交流过后，我很确信：

这将成为一次非常精彩的旅行。

两个普通照相机、一个摄像机、大量胶卷和录像带、钢笔、笔记本、几件换洗衣物，把一个中等大小的背包塞得鼓鼓的。我背上它，行走在这个星球上。

黑人、红种人、棕种人、白人。好几个生活着各种各样的人的城市。当 USA 飞身跳进那片土地孕育出来的节奏，跳起舞来时，我就用照相机、摄像机、钢笔记录下来。这段经历非常棒，任何事情都取代不了它。

跻身日本最有名的舞者行列，带着这份自信和荣耀，却完全不因此而自大，只是纯粹地"贪婪"地去实现自己内心的愿望。比我小一轮以上的 USA，是一个非常优秀的青年。

14 个小时航程，在换乘机场的硬板凳上等 8 个小时，再飞 12 个小时。对这种让人疲惫不堪的行程安排熟视无睹。他只想跳舞，想看一看未知的世界。USA 满腔好奇，激情洋溢，两眼无时无刻不在放光。

人活着是为了快乐。

我相信，如果看完这本书，你感受到了什么，也出发去经历一次让自己雀跃的旅行，那将是对 USA 来说最为开心的事情了。

没有什么梦想是不可实现的。不可实现的都是自己放弃的梦想。实现一个梦想，接着继续走向另一个新的梦想，这个男人的旅行就在证明着这一点。

我们要写 5 本。

USA 和我半开玩笑地提过这么一句。不过我们自己非常明白，这并不是玩笑话。舞动地球之旅将永不停息。

你还记得吗?

当你成为公司职员、学生、男朋友、女朋友之前，当你成为丈夫、妻子、爸爸、妈妈之前，你就是自己。

自己明天会怎样，其实谁也不知道。既然这样，人生就是旅行。从出生开始，到哪一天死去，一段漫长的旅行。所以我们才要旅行，从中学习如何能在这个艰辛世道中幸福地生活下去。

池田伸 Shin Ikeda

1962 年生于长野。作家，旅行家，摩托车骑手。杂志《旅学》《HOTBIKE JAPAN》《VIRGIN HARLEY》编辑。著作有摩托车游记《在路上》（河出书房新社）、高龄工匠高桥五郎的生平传记《黄鹰》（A-Works）、和洼冢洋介同游埃及的《放浪》（NORTH VILLAGE）等。
https://www.facebook.com/shinikeda8

Epilogue

做自己喜欢的事情，活下去。 文：宇佑美吉启

如果"想跳舞"，"那就跳吧"。

没有什么难的。现在的我可以说出这番话了。

但以前，却不是这样。

说起来，我属于不擅长跳舞的人。

上小学的时候，连全校集会上表演的集体舞，我都会比别人慢一拍，那时的我是一个不会跳舞的孩子。

性格内向的我，一直不好意思在别人面前跳舞。

我喜欢踢足球，讨厌跳鞍马。我喜欢球类运动，讨厌单杠。

好恶分明，在"喜欢"的事情上才能发挥出实力……我曾经是这种类型的孩子。

更糟糕的是，从小学低年级开始，我就有哮喘，肺很弱。

没跑几步，就喘不上气来，于是我就没法和朋友们一起到处跑着玩。

就算去朋友家过夜，只要一玩摔跤或扔枕头，灰尘就会引发哮喘，玩得一点儿都不尽兴。我度过了好多个不眠之夜。

爸爸妈妈说："你去学游泳吧，可以治哮喘的。"可是我讨厌潜水，所以一直也没去。

当时真是让妈妈操碎了心。

不过后来，因为喜欢成龙而开始练拳，喜欢踢足球而不断练习，慢慢地，我的肺变强了。

"希望哮喘可以痊愈。"七夕、圣诞节、新年……我都在心里暗自祈祷。而通过做自己喜欢的事情，不知不觉间，真的好转了。

当时我真是开心极了。

只要尽情去做自己喜欢的事情，就一定会有好事情发生的。

也可以克服掉自己不擅长的部分。

年幼的我从自己的经历中领悟到了这些。

"做自己喜欢的事情，是对的。"

少年时期的我坚信这一点。

我的爸爸和妈妈是在舞厅相识，然后结婚的。

当时，爸爸留的是爆炸头，喜欢黑人音乐。

妈妈悄悄地梦想着能成为"School Mates"（译者注：东京音乐学院旗下的艺人专门学校）艺人那样的舞者。

我们家一到周末就会开派对，爸爸认识的各种肤色的朋友都会来玩，简直成为他们的聚会场地了。

每到那时，家里总会放着音乐，还有人跳起舞来。

在那样的环境里，我没怎么受父母的影响，而是像普通孩子那样规规矩矩地成长。

那时的我，觉得又唱又跳地太吵了，音乐、舞蹈我都讨厌。

可是，上中学以后，有一天我在电视上看到了"MC Hammer"。

太震撼了。

我第一次开始对舞蹈产生了兴趣。

我在家里翻了翻父母买的 CD 和录像带，发现好多我想看的都在里面。

James Brown、Run DMC、Bobby Brown、Guy……

这简直就是宝藏。

当我开始对舞蹈感兴趣时，家里就有我想要的一切。

这一点我非常感谢我的父母。

接着，各种少有的音乐、录像带应有尽有的宇佐美家里，聚集了很多我的朋友，家里变成我们的聚会场地了。

现在，聚会场地换成了我父母经营的酒馆"圆点（まるちょん）"。

有家人，有朋友，有音乐，有舞蹈。

还有妈妈的土豆肉末炸饼，非常好吃，就算是最后的晚餐也能心满意足。

那里对我来说，是最棒的空间。

"LOVE & PEACE"

这个主题好大……

但是再大的事情，也是从一个小点开始，

像水的波纹一样，慢慢扩散变成一个大圆圈。

是的！先从爱护家人、朋友、身边的人开始。

希望这个小小的"点（ちょん）"可以变成大大的"圆（まる）"。我一边祈祷，一边画了一个圆（まる），再点上一点（ちょん）。"圆点（まるちょん）"就是我的和平符号。

在世界各地旅行，一边跳舞，我一边想。

肤色、语言、音乐、跳舞的方式，都各不相同，但正因为不一样才有意思。

各地的民族都有各自很多辛酸的、伤心的、痛苦的事情，但是大家一起跳舞、一起唱歌、一起喝酒、一起欢笑，手拉着手，在这个艰辛世道中，生存下来。

所有人都不一样，所有人又都一样。

有舞蹈的星球，"舞动地球"。

舞动地球之旅刚刚开始。

希望有朝一日，全世界的人们可以一起跳舞。带着这个愿望，我会一直跳下去。

One World One Love.

我是一个跳舞的男子汉。

放浪者 = EXILE

第一次见到 USA，那是几年前的事情吧？

我在冲绳有一个和朋友一起经营的秘密据点，那天 USA 来玩。

三十几岁的我基本上不怎么了解最近的流行时尚，当时我还不知道 EXILE，"啊？你唱 Choo Choo TRAIN？那是动物园？"之类的反应。

USA 苦笑着向我解释了半天。

在大海、蓝天的拥抱中，喝着小岛上的酒，跳着小岛上的舞蹈，吹着夜晚的海风。

很快，我们俩聊得很投缘。

马上也谈到一个话题："一起出一本什么书吧？"

超越国境，超越宗教，超越肤色，

只是一起跳舞，一起喝酒，一起欢笑……

就这样到世界各地去旅行，同时写一本书，听起来挺有意思的。

通过"舞蹈"这个世界共同的语言，把人和人维系在一起的旅行。

从小毛孩到老年人，如果看了这么一本书，都会觉得：

"果然是同一个世界啊。One World One Love!"

哪怕只有一刹那，只要有人冒出这个念头，那就太棒了。

舞动地球！地球是我们的舞台！耶！

那天，我们俩都喝醉了，但醉得很舒服。这段对话便成为这本书的缘起。

包括 USA 和合著作者池田伸在内，好多个志同道合的伙伴们一起开会讨论，才诞生了现在这样一部作品。

这次的旅行包括古巴、塞内加尔、巴西、印第安圣地、巴黎街头、泰国的帕岸岛……但世界依然还很大。

我希望能把这次的作品做成一个系列，慢慢地培育。

接下来，干脆到亚马逊河和食人族一起跳舞吧？

去和非洲的布西曼族（Bushman）比一比，看谁跳得高！

或者飞到外太空来一次真正的月球漫步也不错！

看，今后的行程安排也都顺利（？）决定了。

人生这段旅途，路还很长。

把真正重要的东西装进口袋里就够了。

不断去新的地方走走，不断挖掘全新的自己。

我们一起继续挑战吧！

Factory "A-Works"社长

高桥步

DANCE EARTH

—ACTION MAP—

图书
记录通过舞蹈学到的东西·文化。
传承世界历史。

视频
通过声音和视频记录舞蹈之旅。
更真实，更让人身临其境。

绘本

DANCE EARTH
TRIP
旅行

GLOBAL DANCE ENTERTAINMENT

DANCE EARTH
MUSIC
音乐

乐队
DANCE EARTH BAND
奏响世界音乐。

乐曲
通过 DANCE EARTH
创作世界音乐。

舞蹈团队

作为一名旅行者开始的舞蹈之旅，如今已经凝聚了众多同道中人。单纯的旅行也拓展成一个立体化的项目——"DANCE EARTH PROJECT"，图书、视频、绘本、音乐、舞台，自给自足的村庄，舞动地球，是一个不断冒险、不断展现的终生事业。

数字内容
在网上发布 DANCE EARTH 的理念会议及最新信息。

商品
生产各种周边商品，让人们随时随地感受到 DANCE EARTH 的讯息。

DANCE EARTH VILLAGE
自然

NATURE DANCE CAMP
在 DANCE EARTH VILLAGE 体验、学习项目

社会公益
致力于开设儿童舞蹈培训及提高社区活力。

教育
通过基于舞蹈的五感教育，拓展人生未来的感觉。

环境
创造能够感受自然、保护地球的机会或学习环境。

图书在版编目（CIP）数据

舞动地球——EXILE·USA 环球采风之旅（一）/（日）宇佐美吉启，（日）池田伸著；牛小可，潘宇坚译 . —北京：世界图书出版公司北京公司，2013.5

ISBN 978-7-5100-6128-8

Ⅰ . ①舞… Ⅱ . ①宇… ②池… ③牛… ④潘… Ⅲ . ①旅游指南—世界 Ⅳ . ① K919

中国版本图书馆 CIP 数据核字（2013）第 088420 号

DANCE EARTH

© Yoshihiro Usami, Shin Ikeda, akilla kojima, Makoto suda 2008

Original Japanese edition published by A–Works

Chinese simplified character translation rights arranged with Sanctuary Publishing Inc. through Erudite Multiculture Co., Ltd.

Chinese simplified character translation rights © 2013 Beijing World Publishing Corporation

舞动地球——EXILE·USA 环球采风之旅（一）

著　　者：[日]宇佐美吉启　池田伸

译　　者：牛小可　潘宇坚

责任编辑：刘小芬　安太顺

出　　版：世界图书出版公司北京公司

出 版 人：张跃明

出　　版：世界图书出版公司北京公司

　　　　　（地址：北京朝内大街 137 号　邮编：100010　电话：64077922）

销　　售：各地新华书店

印　　刷：北京博图彩色印刷有限公司

开　　本：787 mm×1092 mm　1/32

印　　张：7

字　　数：220 千

版　　次：2013 年 6 月第 1 版　　2013 年 6 月第 1 次印刷

ISBN 978-7-5100-6128-8　　　　　　　　　　　　　定价：42.00 元